David Ravenhill

Die Salbung Gottes erhalten

DAVID RAVENHILL

DIE SALBUNG GOTTES ERHALTEN

GLAUBENSZENTRUM
Bad Gandersheim

Titel der englischen Originalausgabe:

Surviving the Anointing –
Learning to Effectively Experience and Walk in God's Power

Übersetzt von Debbie Germann aus der englischen Ausgabe von 2007;
Destiny Image Publishers, Inc.; P. O. Box 310; Shippensburg, PA 17257-0310

ISBN: 978-0-7684-2443-0

1. Auflage 2012

Dr.-Heinrich-Jasper-Str. 20, 37581 Bad Gandersheim
www.glaubenszentrum.de

In Zusammenarbeit mit cmd-christlicher Mediendienst e. V.
www.c-mediendienst.de

Die zitierten Bibelverse sind der revidierten Elberfelder Übersetzung
(2008) entnommen.

Umschlaggestaltung und Satz: Jan Henkel (www.janhenkel.com)
Titelbild: ©iStockphoto.com/baytunc
Druck und Bindung: CPI – Ebner & Spiegel, Ulm

ISBN 978-3-00-039959-6
Printed in Germany

EMPFEHLUNGEN

Es ist mir eine große Freude, das Buch *Die Salbung Gottes erhalten* meines Freundes David Ravenhill zu empfehlen. Beim Durchlesen war ich manchmal tief bewegt und ein Gefühl von Ernüchterung machte sich breit. *Die Salbung Gottes erhalten* ist vielleicht eine der aktuellsten und kritischsten, und dabei notwendigsten Botschaften unserer Zeit. – Es herrscht ein Kampf um eine Generation und um die wahre Seele unserer Nation; aber wir können diesen Kampf nicht ohne göttliche, charakterstarke Leiter gewinnen, die für Langlebigkeit ausgerüstet sind.

Mögen Sie zu einem tieferen Level der gesegneten Hingabe und einem höheren Level der Erwartung an Christus angetrieben werden, wenn Sie sich die Botschaft zu Herzen nehmen, die David in *Die Salbung Gottes erhalten* klar kommuniziert.

Doug Stringer
Founder, Somebody Cares America/International
Turning Point Ministries International

Die große Missionarin Amy Carmichael sagte einmal: »Können wir dem Retter lange folgen, der keine Wunden oder Narben hat?«. In der westlichen Gemeinde wurde die Salbung zum notwendigen Erkennungszeichen für Erfolg und nicht mehr. Da wundert es einen nicht, dass Tausende abfallen. Aufgrund eines zerbrochenen Herzens niedergeworfen zu sein, ist gemäß der Gemeinde des 21. Jahrhunderts den »geistlich Verrückten« vorbehalten.

Da ich David Ravenhill persönlich kenne, sah ich ihn im stillen Kämmerlein sitzen, seinen Becher wie der zerbrochene Bettler auffüllen. Was kann man mehr über einen Nachfolger des Lammes sagen, der *»dem Lamm folg[t], wohin es auch geht«!* Indem ich mir Davids Leben anschaue, kann ich wahrhaftig sagen, dass Gott wieder eine Stimme in der Wüste aufrichtet.

Kevin J. Turner
Präsident, Strategic World Impact

Möchten Sie in Ihrem persönlichen Leben und Dienst Schiffbruch vermeiden? Möchten Sie vermeiden, noch ein weiteres Leiterschaftsopfer zu sein? – Dann ist dieses Buch für Sie! Verfasst von einem »Hauptstaatsmann« des Leibes Christi, ist *Die Salbung Gottes erhalten* ebenso praktisch wie überführend. Es sollte für jedermann im geistlichen Dienst Pflichtlektüre sein.

Dr. Michael L. Brown
Präsident, FIRE School of Ministry
Concord, North Carolina

In einer Zeit, in der charakterschwächere Männer ein verwässertes Evangelium mit wenig Feuer predigen, tritt David Ravenhill mit einem überzeugenden Wort für Diener kühn hervor. *Die Salbung Gottes erhalten* ist nicht für die Furchtsamen; es ist für diejenigen, die bereit sind, den Preis zu bezahlen, einen andauernden Dienst zu haben, der mit der Kraft Gottes gefüllt ist.

Steve Gallagher
Präsident, Pure Life Ministries
Dry Ridge, Kentucky

INHALT

WIDMUNG

Dieses Buch ist all den unbesungenen Männern und Frauen Gottes gewidmet, die lange und unermüdlich im geistlichen Dienst gearbeitet haben – besonders den vielen, die jahrelang unter Gefangenschaft gelitten haben, von ihren Familien und Gemeinden getrennt, und doch an einer leidenschaftlichen Hingabe an ihren großen Gott und Retter Jesus Christus festgehalten haben. Obwohl ihre »Liebesmühe« auf dieser Seite der Ewigkeit nie völlig erkannt werden wird, werden sie ohne Zweifel die endgültige Belohnung empfangen, wenn sie vor dem großen Hirten der Schafe stehen und ihn sagen hören: *»Recht so, du guter und treuer Knecht!«*.

Diese geistlichen Riesen bestehen aus zehntausenden Hauskirchenleitern an Orten wie China, Sudan, dem Iran, Irak und Kuba wie aus vielen vergessenen oder wenig bekannten Stätten und Orten. Darüber hinaus gibt es eine unzählbare Menge an nationalen Pastoren und Arbeitern, die an Orten wie Indien, Afrika, Burma und Indonesien dienen. Zuletzt, aber keinesfalls als Letzte, sind da diejenigen, die dem Ruf Gottes gefolgt sind und ihre Freunde und Familien verlassen haben, um aufs Missionsfeld zu gehen. Dort haben sie eine neue Sprache gelernt, eine andere Kultur angenommen und dies alles für Christus und um seines Willen.

Dies sind dic wahren Helden – Männer und Frauen, die nie die Titelblätter irgendwelcher christlichen Magazine schmücken werden. Keine Bücher oder Filme werden jemals über ihre Leben geschrieben bzw. produziert. Sie werden nie das Lob von Menschen hören oder irgendeine irdische Belohnung erhalten; und doch plagen sie sich selbstlos, indem sie das ewige Wort Gottes treu proklamieren, während sie ein integeres Leben vor Gott und den Menschen leben. Es ist ein Vorrecht für mich, dass ich einige von euch kennenlernen durfte. Auf die anderen freue ich mich, sie am letzten und großen Tag treffen zu können. Danke für euer göttliches Beispiel der Dienerschaft und für eure Treue. Ich bewundere euch und ehre euch.

So sende ich dich[1]

So sende ich dich, unbelohnt zu arbeiten,
unbezahlt, ungeliebt, ungebeten, unbekannt zu dienen,
Tadel zu ertragen, unter Verachtung und Spott zu leiden;
so sende ich dich, dich für mich allein zu plagen.

So sende ich dich, die Verletzten und Zerbrochenen zu verbinden,
über umherstreifende Seelen zu arbeiten, zu weinen, zu wachen,
die Lasten einer ermüdeten Welt zu tragen;
So sende ich dich, um meines Willens zu leiden.

So sende ich dich in die Einsamkeit und Sehnsucht
mit einem Herzen mit Hunger nach den Geliebten und Bekannten,
indem du das Zuhause und die verwandten
Freunde und Geliebten verlässt;
So sende ich dich, nur meine Liebe zu kennen.

So sende ich dich zu Herzen, die durch Hass verhärtet wurden,
zu Augen, die blind wurden, weil sie nicht sehen werden,
zu verschwenden, obwohl es Blut ist, zu verschwenden
und nicht zu verschonen;
So sende ich dich, nach Golgatha zu schmecken.

---

1 Lied von Margaret Clarkson, veröffentlicht von Singspiration, Inc., 1954.

VORWORT

In der antiken griechischen Mythologie gibt es eine Legende von zwei Brüdern, die beide bekannte und angesehene Architekten waren. Der König beauftragte sie damit, eine königliche Schatzkammer zur Aufbewahrung seines Reichtums zu entwerfen und zu bauen. Während der Bauphase geschah es, dass die Gier nach dem Reichtum des Königs Hyrieus immer mehr Besitz von ihnen ergriff. Erfinderisch klügelten sie den Plan aus, einen der Steine so anzubringen, dass er entfernt werden konnte, ohne dass der König es merkte. Diese Arbeit wurde so geschickt und akribisch ausgeführt, dass niemand außer den zwei Brüdern auch nur die leiseste Ahnung hatte, dass dieser geheime Eingang existierte.

Nachdem die Arbeit vollendet war, entfernten sie von Zeit zu Zeit den Stein und gingen in die Schatzkammer hinein, um von den Kostbarkeiten des Königs zu stehlen. Der König stellte erstaunt fest, dass sein Schatz langsam aber sicher abnahm, obwohl seine Schlösser und Siegel ungebrochen blieben.

Viele Männer Gottes haben dieselbe Tragödie erlebt. Während sie sich fleißig darum bemühten, ihr Leben in den meisten Bereichen zu schützen, haben sie eine geheime *Öffnung* zugelassen, die es dem Feind langsam aber sicher ermöglicht hat, ihnen ihren geistlichen Reichtum zu stehlen – ihre Salbung.

Auch wenn König Hyrieus sich des »geheimen Steins« nicht bewusst war, kann man dies von den geistlichen Leitern im Leib Christi nicht gerade behaupten. Diese geheimen Sünden sind sowohl Gott als auch dem Mann oder der Frau Gottes sehr wohl bekannt. Wenn man sich mit ihnen nicht ehrlich und gründlich auseinandersetzt, werden sie sowohl die Person als auch deren Dienst zerstören.

Wie kann so etwas verhindert werden? Lesen Sie bitte weiter ...

EINLEITUNG

Stellen Sie sich einmal vor, Sie wären Träger eines der bedeutendsten Titel und Autoritätspositionen im größten und mächtigsten Königreich dieses Universums. Es gäbe neben Gott, wenn überhaupt, nur wenige, die es wagen könnten, sich mit Ihnen zu vergleichen. Sie wurden von Gott selbst geschaffen und für Ihre Position ausgerüstet. Von Anfang an wussten Sie, dass Sie dies nicht durch eigenes Zutun oder Ihre Willenskraft erreicht hatten. Alles an Ihnen und um Sie herum war schon von vornherein akribisch genau geplant worden. Ihnen wurden Weisheit und Schönheit in einem Maß zuteil, von dem andere nur träumen können. Schlussendlich wurden Sie damit beauftragt, Gottes größte Schöpfung, den Menschen, zu »bewahren«. Für diese Aufgabe wurden Sie gesalbt und dann im Paradies platziert, dem Garten Gottes. Ihr Name ist Luzifer, der Erzengel.

Täglich wurden Sie Zeuge davon, wie Gott selbst in der Kühle des Abends in den Garten kam, um sich mit seinem Sohn Adam und seiner Tochter Eva zu unterhalten und Gemeinschaft mit ihnen zu pflegen. Sie wurden eifersüchtig und begannen, die Ehre, den Respekt und die Gemeinschaft zu begehren, welche die Menschen ihrem Schöpfer und Vater gegenüber zum Ausdruck brachten. Während Sie sich danach sehnten, so wie Gott zu sein, erschienen Sie Adam und Eva als Engel des Lichts, der ihnen fast unmerklich einflüsterte, dass auch Sie wie Gott sein könnten.

Aber Ihr teuflischer Plan misslang und Sie wurden *»verstoßen vom Berg Gottes«* (s. Hes 28,16). Gott verfluchte Sie mehr als alle anderen Tiere auf der Erde …

Sie waren der *»**gesalbte** Cherub mit den ausgebreiteten Flügeln«* (s. Hes 28,14). Lassen Sie diese Worte tief in Ihren Geist sinken, während Sie dies lesen. Sie waren, Sie *waren*, Sie ***waren***, aber Sie sind es nicht länger. Die Salbung ist dahin mit allem, was Sie einmal besessen haben und was Ihnen gegeben worden ist.

Bedauerlicherweise war Luzifer nur der Anfang. Seit damals sind ihm Tausende und Abertausende gefolgt. Luzifer wurde vom »*Glanzstern*« (s. Jes 14,12) zum »Prinz der Dunkelheit«, vom »Begünstigten« zum »Gefallenen«. Seit dieser Zeit hat der Teufel angefangen, Pläne zu schmieden und zu betrügen, um die Rechnung zu begleichen. Sein Ziel ist es, für immer und ewig alles mit sich hinabzureißen, was nur möglich ist.

Der Trophäenschrank des Teufels ist mit »Trophäen« jeder Generation vollgestopft. Seine Geschicklichkeit hat Eva vom Paradies ins Gefängnis gelockt. Salomo wurde von seinem Hingegebensein Gott gegenüber zum Anbeten von Göttern verführt – trotz der von Gott gegebenen Weisheit und Salbung. Saul begann als der erste von Gott gesalbte König Israels – er prophezeite gemeinsam mit den anderen Propheten –, und doch beendete er sein Leben mit den folgenden traurigen, aber treffenden Worten: »*... ich habe töricht gehandelt und mich sehr schwer vergangen!*« (1. Sam 26,21). Saul suchte bei einem Medium Rat und nahm sich dann selbst das Leben. Was für ein tragisches Ende nach so einem vielversprechenden Anfang! Simson begann, indem er die Philister terrorisierte, doch am Ende quälten und verspotteten sie ihn. Esau verkaufte sein Erstgeburtsrecht für eine Schüssel »Chili«. Demas flirtete mit der Welt und verließ den Dienst. Judas tauschte alles gegen einen läppischen Geldbetrag ein. Die Liste ist endlos. Ich selbst habe mit Männern gearbeitet, die ich als gesalbte Diener Gottes ansah und doch habe ich beobachten können, wie sie alles verloren – Schiffbruch erlitten und niemals wieder segelten.

Gerade heute habe ich eine E-Mail von einem Pastor und Freund in Malaysia erhalten, in der steht, dass er aufgrund moralischen Fehlverhaltens von seiner Position als Hauptpastor zurückgetreten ist. In seinem Geständnis sagt er: »Ich weiß, dass viele Dinge, von denen wir geträumt haben, nun zerschmettert sind«.

Hiob drückt es folgendermaßen aus: *»Wenn mein Herz sich wegen einer Frau hat betören lassen«*, würde dies *»meinen ganzen Ertrag entwurzeln«* (Hi 31,9+12). Wie ein weiser Mann Gottes vor vielen Jahren gesagt hat: »Wenn das Haus fällt, dann ist sein Fall groß« (s. Mt 7,27); mit anderen Worten: Dies hat zahlreiche Konsequenzen, die nicht nur die Gemeinde vor Ort, sondern die Gemeinde als Ganzes erschüttern.

Es ist absolut notwendig, dass wir diesen unnötigen »Verlust« von Männern und Frauen Gottes stoppen. Jede militärische Operation muss notgedrungenerweise einige Verluste ertragen – das ist das Wesen des Krieges. Seit seinem ersten Engagement im Krieg hat Amerika einige Verwundete nach Hause gebracht, ganz zu schweigen von den Zehntausenden von »Leichensäcken«. Zum Glück hat sich in unseren letzten zwei Kriegen etwas verändert: Es gab einen drastischen Rückgang an der Anzahl der Toten und Verwundeten. Das birgt die einfache Frage in sich: Wieso?

Ein Teil der Antwort liegt in der Tatsache begründet, dass wir nun besser vorbereitet sind. Wir haben nicht nur mehr technisch ausgereifte Waffen, sondern auch eine bessere Einsicht in Bezug auf die »Kunstgriffe des Feindes«.

Auch wenn das vielleicht im natürlichen Bereich zutrifft, so ist es doch im Hinblick auf die geistliche Kampfführung ganz sicher nicht der Fall. Gottes Armee von Soldaten »stirbt« schneller denn je zuvor. Nach John Maxwell ist nur jeder Zehnte, der heute in den Dienst eintritt, auch mit 65 Jahren noch im Dienst. Das bedeutet, dass 90 Prozent vorzeitig ausscheiden. Dr. James Dobson schätzt, dass etwa 1.500 Menschen monatlich aus dem Dienst ausscheiden. Wenn der Leib Christi weiterhin in dieser Geschwindigkeit ausblutet, wird er bald zum Gespött der Welt, ganz zu schweigen von den bösartigen Horden der Finsternis.

Zurzeit wirkt es sicherlich so, als ob der Feind die Oberhand hat. Täglich, so scheint es, hören wir von einem weiteren »gefallenen Soldaten«. Die Strategie des Teufels ist so alt wie zuverlässig: »Schlage den Hirten und zerstreue die Herde«.

Ich habe direkt miterlebt, welche Zerstörung ein Mann Gottes, der »fällt« anrichten kann. Meine Frau und ich übernahmen die pastorale Verantwortung für eine Gemeinde, in der der Hauptpastor in moralisches Fehlverhalten involviert war. Die Auswirkungen, die dies auf die Gemeinde hatte, waren entsetzlich. Die Emotionen rangierten von Ärger bis Verzweiflung und überall dazwischen. Ein anderer Pastor sagte uns, dass es etwa fünf bis sieben Jahre dauern würde, bis das Vertrauen und die Stabilität in der Gemeinde wiederhergestellt sind – Gott sei Dank war das nicht der Fall.

In den frühen 1990er Jahren hörte ich einmal einem der »Senior-Heiligen« Gottes zu – ein Mann, der aus erster Hand die mächtige wunderwirkende Kraft Gottes in seinem Leben und Dienst erlebt hatte. (Ich habe beschlossen, alles nur irgendwie Mögliche von gestandenen und wahren Dienern Gottes zu lernen, Menschen, die den Stürmen des Lebens und den Tests der Zeit standgehalten haben.) Dieser Mann machte eine Aussage, die für immer in meinem Verstand und Geist nachhallen wird: »Sehr wenige Menschen erhalten die Salbung am Leben«. Diese Worte wurden vor mehr als einem Jahrzehnt gesprochen und doch haben sie noch immer denselben Einfluss auf mich. Ich bin fest entschlossen, durch die Gnade Gottes den »Lauf zu vollenden« (s. Apg 20,24; 2. Tim 4,7).

Grob ausgedrückt, kann die Salbung mit einem Gewinn im Lotto verglichen werden. In einem Moment sind Sie noch arm, schaffen es gerade so von Tag zu Tag. Sie leben in einem sehr einfachen Haus mit nur wenig Luxus; Ihr Auto müsste dringend repariert werden; Sie haben wenig Kleidung und die, die Sie besitzen, zeigt deutliche Verschleißspuren; und neben all dem haben Sie einen ganzen Berg an Schulden. Plötzlich verändert sich dies alles, als Sie nämlich darüber in Kenntnis gesetzt wurden, dass Sie den ersten Preis in irgendeiner Art von Gewinnspiel, an dem Sie teilgenommen haben, gewonnen haben – Sie besitzen nun Millionen! Innerhalb weniger Tage, nachdem Sie den ersten Scheck erhalten haben, ziehen Sie los und kaufen sich ein neues Haus, ein tolles Auto, schöne Klamotten usw. Diese neue Quelle des Reichtums eröffnet Ihnen die Möglichkeit, das Leben zu leben, von dem Sie immer geträumt haben.

Die Salbung ist dem in vielen Dingen ähnlich. Gottes Gnade oder Salbung verändert Sie von dem, wie Sie einmal waren, zu einer Person mit der »Fähigkeit«, Dinge zu tun, von denen Sie vorher nur geträumt haben. Sie haben nun die Fähigkeit, zu predigen, zu lehren, zu singen und im geistlichen Bereich durch Prophetie, Heilungen, Worte der Erkenntnis und der Weisheit usw. zu wirken. Aber können Sie diesen neu gefundenen »Reichtum« auch beibehalten? Wissen Sie, wie man diese kostbaren Gaben und Privilegien verwaltet?

Ein Artikel in der *»USA Today«* mit dem Titel »Das Glück der Lottogewinner kann sich schnell zum Übel wenden« erzählt die traurigen aber wahren Fakten über Menschen, die riesige Vermögen gewonnen und wieder verloren haben. Nehmen wir z. B. einmal »William ›Bud‹ Post, der 1988 in Pennsylvania 16,9 Millionen Dollar im Lotto gewonnen hat ... Post hat seinen ganzen Gewinn verloren und ausgegeben. Als er im Januar starb, lebte er von Sozialhilfe.« Der Artikel nennt noch ein anderes Beispiel: »Zwei Jahre, nachdem er im texanischen Lotto 31 Millionen Dollar gewonnen hatte, beging Billie Bob Harrel Jr. Selbstmord.

Er hatte Grundbesitz und Autos gekauft, seiner Familie, Gemeinde und Freunde Geld gegeben. Nach seinem Tod war nicht klar, ob noch Geld für die Grundstückssteuern vorhanden war«.[2] Der Artikel fährt in dieser Art mit anderen fort, die ein riesiges Vermögen gewonnen und verloren hatten.

Über die Jahre haben bestimmte Aussagen einen bleibenden, starken Eindruck auf mich hinterlassen. Ich habe das in einem meiner vorangegangenen Bücher schon einmal erwähnt, aber nichtsdestotrotz sind sie der Wiederholung wert. Ich beziehe mich auf ein Zitat eines großen Lehrers im Leib Christi, der gesagt hat: »Ich möchte keine Sternschnuppe sein«. Lassen Sie mich das ein wenig erklären. Nehmen Sie einmal an, dass Sie und einige Ihrer Freunde in einer sternenklaren Nacht draußen sind, vielleicht weg von den Lichtern der Stadt und zum Himmel aufschauen. Sie stehen da und schauen sich die vielen Millionen Sterne an, jeder anders. (Ich bin mir sicher, die meisten von Ihnen haben dies das eine oder andere Mal getan.) Plötzlich, während Sie so schauen und die Sterne bewundern, schießt ein Meteorit über den Himmel und jemand sagt: »Hast du das gesehen?« Auf einmal sind alle fasziniert und gefangen von dem spektakulären Lichtausbruch, wie er über den Himmel schießt. Aber innerhalb von Sekunden ist er weg, verschwunden in die Dunkelheit, aus der er kam.

Da gibt es Männer und Frauen, die genauso sind; die für eine kurze Zeitspanne auftreten, große Männer Gottes; vielleicht liest jeder ihr Buch, hört sich ihre Aufnahmen an oder geht in ihre Konferenzen, und es scheint, als ob sie die volle Aufmerksamkeit der christlichen Welt haben – aber tragischerweise ist

---

2 Oren, Dorell, »Lottery Winners' Good Luck Can Go Bad Fast«. *USA Today* (26. Februar 2006, im Internet abgerufen unter: *http://www.usatoday.com/news/nation/2006-02-26-lotteryluck.x.htm*).

das nur für einen Moment und dann sind sie verschwunden. Und wenn Sie fragen: »Was ist mit diesem großen Heilungsevangelisten geschehen?« oder: »Was ist mit diesem großartigen Lehrer geschehen?« oder: »Was ist mit diesem großen Sänger oder Songwriter geschehen?«, dann antwortet Ihnen jemand: »Ach der, der hat Gott den Rücken gekehrt«, oder: »Er hat sich von seiner Frau scheiden lassen, ist in falsche Lehre abgerutscht oder verstrickte sich in irgendeine Art von sexueller Abhängigkeit«. So wenige Menschen »überleben« die Salbung.

Was Sie im Folgenden lesen werden, sind einige der grundlegenden Prinzipien, die ich in den 42 Jahren meines Dienstes gesammelt habe. Diese Prinzipien habe ich verschiedenen Leiterschaftsgruppen in der ganzen Nation, aber auch weltweit mitgeteilt. Es ist mein Gebet, dass Gott dieses Buch dazu nutzt, um Sie zu überführen, herauszufordern, zu verändern und zu leiten, wenn Sie sich danach sehnen, seinem Willen und seiner Absicht für Ihr Leben und Ihren Dienst zu folgen.

Ich glaube, dass die Prinzipien, die ich in diesem Buch aufdecken werde, grundlegend für ein geistliches Überleben sind. Wie schon zuvor erwähnt, habe ich über die Jahre hinweg versucht, mir große Männer und Frauen Gottes anzuschauen und von ihnen zu lernen – einige von ihnen kenne ich oder habe mit ihnen persönlich zusammengearbeitet –, und ich habe mir auch mein Leben genau angesehen und bin entschlossen, durch die Gnade Gottes den Lauf zu vollenden. Paulus sagt: »Ich habe den guten Kampf gekämpft, ich habe den Lauf vollendet, ... fortan liegt mir bereit der Siegeskranz der Gerechtigkeit ...« (2.Tim 4,7–8).

In meinem Buch *They Drank From the River and Died in the Wilderness (Sie tranken aus dem Fluss und starben in der Wüste)* erzähle ich davon, wie eine Million Menschen aus Ägypten auszogen. Sie haben den Lauf begonnen, aber nur zwei dieser einen Million haben es bis in das verheißene Land geschafft. Das ist nicht gerade ein hoher Prozentsatz – wenn es ums »Überleben« der Salbung geht! Die Israeliten waren vom Übernatürlichen umgeben; sie sahen tagtäglich Zeichen und Wunder, z. B. als Gott sie mit dem Manna versorgte. Sie sahen, wie Wasser aus dem Felsen floss, und doch haben es nur zwei in Gottes Bestimmung geschafft. Deshalb müssen wir achtgeben.

Paulus sagt: *»... damit ich nicht, nachdem ich anderen gepredigt, selbst verwerflich werde«* (1. Kor 9,27). Das gilt nicht nur für Leiter, sondern für jeden Einzelnen von uns. Und aus diesem Grund möchte ich gemeinsam mit Ihnen einige Prinzipien anschauen, die uns helfen werden, die Salbung Gottes am Leben zu erhalten.

Das erste, worauf ich Ihren Blick zu Beginn dieser Studie lenken möchte, ist 1. Petrus 2,21. Dort heißt es über den Herrn Jesus Christus, dass er uns *»ein Beispiel«* hinterlassen hat, sodass wir *»seinen Fußspuren«* nachfolgen können. Also, lassen Sie uns Jesus als das »Modell des Sohnes« oder, wenn Sie es so wollen, als Rollenmodell betrachten. Im Laufe dieses Buches werden wir einige der Schlüssel im Leben Jesu diskutieren und dabei mit »Abhängigkeit« beginnen.

KAPITEL 1

ABHÄNGIGKEIT

»Gott, mit unseren Ohren haben wir gehört, unsere Väter haben uns erzählt die Großtat, die ***du*** *gewirkt hast in ihren Tagen, in den Tagen der Vorzeit. ... Denn nicht durch ihr Schwert haben sie das Land in Besitz genommen, und nicht ihr Arm hat ihnen geholfen; sondern* ***deine*** *Rechte und* ***dein*** *Arm und das Licht* ***deines*** *Angesichts, weil* ***du*** *Wohlgefallen an ihnen hattest« (Ps 44,2+4).*

GOTT MÖCHTE, DASS WIR UNS AUF IHN VERLASSEN

Für das christliche Leben gibt es kein besseres Modell als unseren Herrn Jesus Christus. In seinem Brief erzählt uns Petrus, dass Jesus uns *»ein Beispiel«* hinterlassen hat und dass wir *»seinen Fußspuren«* nachfolgen sollen (1. Petr 2,21). Auch wenn der Kontext dieses Verses sich speziell auf das Leiden bezieht, so ist Jesus nichtsdestotrotz in allen Dingen unser herausragendes Vorbild. Er ist in der Tat das »Modell des Sohnes«, und im Hinblick darauf sagt Jesus in Johannes 5,19: *»Der Sohn kann nichts von sich selbst tun ...«*. Welch fantastische Aussage! Jesus Christus, der Sohn Gottes, das fleischgewordene Wort, sagt in seinem irdischen Leben: »Aus mir selbst heraus kann ich absolut nichts tun«. Getrennt vom Vater kann der Sohn nichts tun.

Wenige Verse später, in Johannes 5,30, sagt Jesus: *»Von mir selbst aus kann ich nichts tun«* (NGÜ). Mit anderen Worten: Ich bin nicht derjenige, der auch nur eine einzige Sache selbst initiiert. Jesus praktizierte nicht die »Visualisierung« – eine Idee, die besagt, dass alles, was wir uns bildlich vorstellen können, Realität werden kann. Viele Lehrer behaupten heutzutage, dass es nur darum ginge, sich beispielsweise eine Versammlung von 1.000 Menschen bildlich vorzustellen. Ist man dazu in der Lage, so sagen sie, wird diese Vorstellung auch Realität. (Jesus, der Arme, hatte offensichtlich nur den Glauben für 12.) Nein, er war von seinem Vater vollkommen abhängig und sagte: »Was auch immer ich den Vater sagen höre, das sage ich, was auch immer ich den Vater tun sehe, das tue ich. Ich tue nichts aus meinem eigenen freien Willen heraus« (s. Joh 5). Im Grunde genommen sagte er: »Ich bringe nichts selbst hervor, sondern ich höre. Ich bin vollkommen abhängig vom Vater«.

In einem späteren Abschnitt wandte sich Jesus seinen Jüngern zu und sprach: *»... getrennt von mir könnt ihr nichts tun«* (Joh 15,5). Ich bin davon überzeugt, dass einer der wichtigsten Schlüssel zu Langlebigkeit und anhaltendem Segen im christlichen Leben der ist, in absoluter und völliger Abhängigkeit von Gott zu verharren. Ich muss vollkommen davon überzeugt sein, dass:

1. »... ich weiß, dass in mir, das ist in meinem Fleisch, nichts Gutes wohnt ...« (Röm 7,18).
2. ich, außer durch die Gnade Gottes, nicht die Fähigkeit habe, überhaupt etwas für das Königreich Gottes leisten zu können.
3. ich von ihm völlig abhängig bin.

In Matthäus 5 ging Jesus auf einen Berg, versammelte seine Jünger um sich und begann, sie zu lehren. Sein Ziel war es, seinen zukünftigen 12 Aposteln ein Verständnis seines Königreiches weiterzugeben. Er beginnt mit dem Schlüssel für alle weiteren Prinzipien seines Königreiches, indem er feststellt: *»Glückselig die Armen im Geist, denn ihrer ist das Reich der Himmel«* (Mt 5,3). Das Wort, das hier im Griechischen für *arm* verwendet wurde, ist sehr interessant, denn wortwörtlich genommen bedeutet es: *»Glückselig die [Bettler], denn ihrer ist das Reich der Himmel«.*

GESEGNET SIND DIE BETTLER

1987 war ich das erste Mal in Indien, um dort für eine Woche in einer Bibelschule direkt außerhalb von Hyderabad zu lehren. Eines Nachmittags bot mir jemand an, eine Stadtführung mit mir zu machen. Dies war das erste Mal, dass ich Indien besuchte – abgesehen von einem kurzen Aufenthalt am Flughafen von Bombay –, und ich war sehr gespannt darauf, diese faszinierende Kultur kennenzulernen.

Wenn Sie jemals in Indien waren, werden Sie wissen, dass die Menschen dort jede sich nur bietende Transportmöglichkeit nutzen. Es gab Karren, die von Pferden gezogen wurden, Karren, die von Menschen gezogen oder geschoben wurden, Fahrräder, Roller, Lastwagen, Busse, ... – so ungefähr jedes Transportmittel, das man sich nur vorstellen kann. Jedes dieser Vehikel war bis zum Umfallen beladen, und es schien fast so, als ob der Verkehr seinen eigenen Willen hätte, wie er sich so die Fahrbahn entlangschlängelte. Ich war vollkommen überwältigt und gefesselt von dem, was um mich herum vor sich ging.

Während wir dann an einer Ampel warteten, hörte ich eine Stimme und drehte mich um, weil ich annahm, dass dies der Fahrer gewesen war. Doch dem war nicht so. Als ich die Stimme ein zweites Mal hörte, schaute ich mich wieder um und sah direkt neben mir einen vielleicht 8–12-jährigen Jungen auf dem kleinen Mittelstreifen sitzen. (Sein Alter war aufgrund seiner körperlichen Verfassung schwer zu schätzen.) Sein Körper war völlig verdreht, seine Arme deformiert, seine Beine unter ihm verknotet und er bettelte.

Ich erinnere mich, wie ich den kleinen Jungen anschaute und mir dabei klar wurde: Das ist genau das, was Jesus meinte, als er sagte: *»Glückselig die [Bettler], denn ihrer ist das Reich der Himmel«* (Mt 5,3). Wissen Sie, dieser kleine Junge hatte erkannt, dass er nicht die Kraft, Fingerfertigkeit oder Mobilität hatte, um eine Maschine zu bedienen oder irgendetwas anderes zu tun, außer zu betteln. Folglich hatte er sich darauf reduziert, mithilfe der Großzügigkeit und Güte anderer zu überleben, wenn man so will. Mit anderen Worten, sein Leben war von dem Einkommen, dem Reichtum und der Gnade anderer abhängig. Er war ein Bettler und sich darüber im Klaren, dass er sein Leben niemals selbstständig würde meistern können; und so lebte er in vollkommener Abhängigkeit von anderen. Wenn ihm niemand half, dann hatte er auch nicht die Möglichkeit, es selbstständig zu schaffen.

Dies ist das erste Prinzip, das uns Jesus im Hinblick auf das Königreich Gottes gab. Wenn wir ein Teil dieses Königreiches sein wollen, dann lautet das erste Prinzip: »Glückselig die Bettler«. Wir müssen völlig davon überzeugt sein, dass wir in uns und aus uns selbst heraus absolut nichts leisten können, und müssen uns somit als Bettler sehen. Ich habe dies Menschen in der ganzen Welt erzählt, und ich schäme mich nicht, auch Ihnen zu sagen, dass ich geistlich gesehen ein Bettler bin. Es vergeht kaum ein Tag, an dem ich nicht auf mein Angesicht vor Gott niederfalle, bildlich gesprochen meinen Zinnbecher vor ihm hochhebe und sage: »Gott, gib mir von deinem Reichtum, gib mir von deinem Lebensunterhalt«.

Beachten Sie, wie Matthäus 5,3 weitergeht: *»Glückselig die [Bettler], denn ihrer ist das Reich der Himmel«*. Es heißt hier nicht: *»ihnen* wird *das Reich der Himmel gehören«*. Mit anderen Worten: Dem Bettler stehen alle himmlischen Ressourcen zur Verfügung. Was für eine wunderbare Aussage! In der Bibel heißt es: *»Wenn aber jemand von euch Weisheit mangelt, so bitte er Gott ...«* (Jak 1,5). Gott ist ein Gott, der Sie in jedem Bereich Ihres Lebens mit dem versorgen möchte, was Ihnen fehlt.

Sogar der Apostel Paulus fragte: *»Und wer ist dazu tüchtig?«* (2. Kor 2,16). Können Sie sich vorstellen, wie Paulus das sagt?

Einer der brillantesten Theologen, der von einem der größten Lehrer seiner Zeit unterrichtet worden war: Gamaliel. Paulus bezeichnete sich selbst als der Pharisäer unter den Pharisäern, sein geistlicher »Stammbaum« war bildlich gesprochen einen Kilometer lang und doch sagte er: »Ich bin unfähig. Ich selbst bin nicht gut genug, um das Wort Gottes hinreichend zu lehren, doch meine Zulänglichkeit liegt in Gott selbst«. Wenn das nun für Paulus zutrifft, wie viel mehr dann für Sie und mich? Und so versucht Gott uns an den Punkt der vollkommenen Abhängigkeit von ihm zu führen.

GEBET – UNSER ZUGANG ZU GOTT

Die Jünger bitten Jesus in Lukas 11, sie zu lehren, wie man betet. Mein Vater sagte oftmals: »Dies ist das einzige Mal im gesamten Neuen Testament, dass die Jünger um Lehre gebeten haben«. Es gibt keine Überlieferung darüber, dass die Jünger gesagt hätten: »Lehre uns predigen«. Es gibt auch keine Überlieferung, die besagt, dass die Jünger gebeten hätten: »Lehre uns das Lehren« oder: »Lehre uns, auf dem Wasser zu laufen« oder vielleicht: »Lehre uns, Dämonen auszutreiben«.

Eines Tages hatten die Jünger allerdings ein kleines Problem, also kamen sie zu Jesus und sagten: »Weißt du, gestern hatten wir keine Probleme, Herr. Die Dämonen sind einfach so aus den Menschen ausgefahren. Aber heute scheinen sie irgendwie ganz schön dickköpfig zu sein«. Da sagte Jesus zu ihnen: »Lasst das Mittagessen ausfallen und dann versucht es noch mal«. Das ist meine Übersetzung. Seine genaue Antwort lautete: *»Diese Art kann durch nichts ausfahren als nur durch Gebet und Fasten«.*

Nichtsdestotrotz haben die Jünger Jesu nur ein einziges Mal tatsächlich gesagt: »Lehre uns, wie man ...«, nämlich als sie ihn darum baten, ihnen beizubringen, wie man betet.

Sie werden feststellen, dass es in dem Abschnitt heißt: »... als er ... betete ..., als er aufhörte ...« (Lk 11,1). Mein Vater stellte in diesem Zusammenhang fest – und ich glaube, dass er damit richtig lag –, dass die Jünger erkannten, dass der Schlüssel des Lebens und Dienstes Jesu in seiner Beziehung zu seinem Vater lag; und sie sahen, dass alles, was Jesus tat, direkt mit dem Thron Gottes verankert war. Sie sahen, wie Jesus sozusagen die Ressourcen des Himmels im Gebet anzapfte, indem er mit Gott in Kontakt trat. Und mit den Worten *»Herr, lehre uns beten ...«* sagten sie eigentlich: »Wenn du uns lehrst, wie man den Thron Gottes berührt, dann werden wir tun können, was du tust.«

Und natürlich gab Jesus ihnen daraufhin das sogenannte »Vater unser«. In Lukas 11,2–4 findet sich eine gekürzte Version des »Vater unsers«, das in Matthäus 6,9–13 steht. Aber in Lukas' Bericht steht etwas, was im Bericht von Matthäus nicht zu finden ist. Nachdem Jesus ihnen dieses Gebet gegeben hatte, erzählte er ihnen eine Geschichte. In Lukas 11,5–6 sagt Jesus: »Angenommen, einer von euch hat einen Freund. Mitten in der Nacht sucht er ihn auf und sagt zu ihm: ›Bitte leih mir doch drei Brote! Ein Freund von mir hat auf der Reise bei mir Halt gemacht, und ich habe nichts, was ich ihm anbieten könnte‹« (NGÜ).

Offensichtlich kam der reisemüde Freund spät in der Nacht an, denn der unvorbereitete Gastgeber geht um Mitternacht zu seinem anderen Freund. Also kam der Besucher vielleicht so gegen 23:30 Uhr an. Dies ist ein Freund; der Mann erwartete ihn, aber er hatte es verpasst, Vorbereitungen zu treffen. Vielleicht hatte er nicht erwartet, dass der Freund vor dem nächsten Morgen ankommt. Vielleicht wusste er, dass der Freund von weither kam und hatte sich gedacht: »Ich werde noch genügend

Zeit haben aufzustehen, zur örtlichen Bäckerei zu gehen, ein wenig Brot zu holen und alles rechtzeitig fertig zu machen«. Stattdessen kam sein Gast aber frühzeitig an und der Mann ist damit in einer peinlichen Situation, denn, wie Sie sicherlich wissen, war Gastfreundschaft in dieser Kultur von hoher Bedeutung. Sie können sich vorstellen, wie verlegen er war, nicht in der Lage zu sein, den Bedürfnissen seines Freundes gerecht zu werden. Er hatte absolut nichts, was er ihm hätte geben können.

Aber dann erinnert er sich daran, dass er noch einen anderen Freund hat, der immer genügend Vorrat hat; er hat immer im Überfluss. Deswegen geht er, obwohl es schon Mitternacht ist, zu dem Haus dieses Freundes und klopft an die Tür. Ich kann mir bildlich vorstellen, wie der Freund das Fenster öffnet und sagt: »Psst! Du wirst noch das Baby aufwecken! Ist dir denn nicht klar, wie spät es ist? Meine Familie ist schon im Bett, lass mich in Frieden. Was ist denn mit dir los? Ich werde nicht aufstehen, also geh einfach und lass mich in Ruhe.«

Doch der Mann klopft weiter an die Tür, und irgendwann wird seinem Freund klar, dass er keine Ruhe haben wird, bis er die Tür aufmacht. Jesus sagt, sein Freund wird »... ihm alles geben, was er braucht« (Lk 11,8 – NGÜ).

Vergessen Sie nicht, dass Jesus hier über Gebet sprach. Sehen Sie: Sie und ich werden immer von Freunden umgeben sein, die in Not sind. Sie werden zu irgendeiner »Mitternachtsstunde« oder Krise ihres Lebens mit jeder möglichen Art von Not zu uns kommen: emotionale, geistliche, physische, materielle Nöte usw. Je schneller wir dann realisieren, dass wir nichts haben, um es ihnen vorzusetzen, desto besser. Folgendes Prinzip lehrt Jesus: »Aus mir selbst heraus kann ich absolut nichts tun. Ich kann deine Probleme nicht lösen, aber ich habe einen Freund, der die Antwort hat«. Gebet wird Ihr größerer Freund sein, um die Probleme Ihres geringeren Freundes zu lösen. Unser »Freund«, der du bist im Himmel ...

Hier ist eine Beispielsituation: Vielleicht steht die Ehe eines Paares kurz vor dem Aus, deshalb kommen sie zwei oder drei Mal zu Ihnen, um sich Rat zu holen. Sie sind am Ende Ihrer Weisheit und wissen nicht, was Sie als nächstes tun sollen. Sie sind müde. Sie haben all Ihr eigenes Können und Ihre Weisheit ausgeschöpft, also fallen Sie vor Gott auf Ihr Angesicht und sagen: »Gott, ich brauche eine Antwort. Dieses Paar kommt heute Abend wieder zu mir. Ich habe kein ›Brot‹, ich habe nicht die Mittel, um sie zufriedenzustellen, aber du hast sie, Herr. Du kennst dieses Pärchen. Bitte, gib mir ein Wort der Weisheit, gib mir ein Wort der Erkenntnis oder irgendeine andere Art der Einsicht, irgendeine Möglichkeit, damit ich diesem Paar effektiv dienen kann.«

Und die Bibel sagt, er wird Ihnen so viel geben, wie Sie benötigen. Gott sei Dank, dass wir einen großzügigen Gott haben. Wenn wir lernen zu bitten, werden wir seine Ressourcen niemals ausschöpfen. Er hat immer genügend Vorrat, einen ausreichenden Vorrat an Weisheit, Einsicht und Verständnis. Was auch immer Sie zu welcher Zeit auch immer brauchen, sei es Kraft, Autorität o. ä., Gott hat es.

GOTT ERWÄHLT SCHWACHE MENSCHEN

Jesus lehrt uns die Notwendigkeit der Abhängigkeit und Einsicht, dass wir nicht in der Lage sind, irgendetwas aus uns selbst heraus zu tun. In 1. Korinther 1,26–29 schreibt Paulus:

»Denn seht, eure Berufung, Brüder, dass es nicht viele Weise nach dem Fleisch, nicht viele Mächtige, nicht viele Edle sind; sondern

das Törichte der Welt hat Gott auserwählt, damit er die Weisen zuschanden mache; und das Schwache der Welt hat Gott auserwählt, damit er das Starke zuschanden mache. Und das Unedle der Welt und das Verachtete hat Gott auserwählt, das, was nicht ist, damit er das, was ist, zunichte mache, dass sich vor Gott kein Fleisch rühme.«

Gott spezialisiert sich also darauf, schwache Menschen zu erwählen, ausgerechnet die törichten Dinge bzw. die, die im Natürlichen töricht erscheinen. Voller Absicht erwählt Gott ausgerechnet diese Individuen aus einem einzigen Grund: Weil sie ihre Schwachheit einsehen. Sie erkennen ihr eigenes Unvermögen, und deshalb verlassen sie sich völlig auf Gott. Warum wählt er nicht die Weisen, »nicht viele weise« Menschen? Weil sie so mit ihrer eigenen Weisheit, ihrer eigenen Kraft, ihren eigenen Fähigkeiten erfüllt sind, dass Gott nicht die Ehre empfängt. Gott sucht sich nur selten solche Menschen aus, damit *»... sich vor Gott kein Fleisch rühme«* (1. Kor 1,29).

Aus diesem Grund sagte Paulus: *»... wenn ich schwach bin, dann bin ich stark ...«* (2. Kor 12,10). Der Herr sagte, dass seine Kraft in den Schwachen zur Vollendung kommt (s. 2. Kor 12,9). Deshalb wird Gott uns bloßlegen, denn er möchte uns zu diesem Ort der Schwachheit bringen. Irgendwann in Ihrem Leben wird Gott Sie bloßlegen, gerade so, wie er es mit Mose getan hat. Die Bibel setzt voraus, dass Mose den Ruf Gottes verstanden hat, als Gott zum ersten Mal anfing, Moses Herz zu bewegen. Es heißt dort: *»Er (Mose) meinte aber, seine Brüder würden verstehen, dass Gott ihnen durch seine Hand Rettung gebe; sie aber verstanden es nicht«* (Apg 7,25). Mit anderen Worten: Er ging davon aus, dass es für jedermann offensichtlich hätte sein müssen: »Schau, ich bin der Mann für diesen Job«. Ich denke, das war der Beginn von Gottes Ruf über seinem Leben.

Allerdings musste Gott ihn erst von seiner Selbstgenügsamkeit befreien, bevor er ihn gebrauchen konnte. Um das zu tun, plante Gott einen Weg, um Mose in die hinterste Ecke der Wüste zu senden. Warum? – Weil Mose aus seiner eigenen Kraft heraus agierte. Die Bibel sagt, dass er mächtig in Wort und Tat war, er war kraftvoll, er war wortgewandt, er war der Sohn der Tochter des Pharaos, er war ein Königskind, er hatte Privatlehrer, er besuchte die besten Schulen, er war begabt und intelligent, unterrichtet in allen Gepflogenheiten der Ägypter – und genau das war das Problem, das Gott mit ihm hatte.

Eines Tages sah Mose, wie ein Ägypter einen Israeliten zusammenschlug. Mose schritt ein, tötete den Mann und begrub ihn im Sand. Jetzt überlegen Sie sich mal, wie lange es gedauert hätte, wenn die Nation Israel auf diesem Weg hätte befreit werden sollen. Einer pro Tag – dann wäre Mose heute noch dabei, Gräber zu graben. Gott hatte da eine viel bessere Idee, aber dafür musste er Mose für vierzig Jahre in den hintersten Winkel der Wüste schicken. Schlussendlich erschien Gott Mose, doch dieses Mal sehen wir einen ganz anderen Mose. Nun sehen wir einen Mann, der von seiner Selbstgenügsamkeit freigesetzt ist, endlich frei von seiner »Ich kann«-Haltung des Stolzes und der Arroganz.

Gott spricht zu Mose: »Mose, ich möchte, dass du zum Pharao gehst.«

»Nein, nicht ich, ich kann nicht mehr reden. Ich höre mich an wie die Schafe, mit denen ich mich vierzig Jahre lang umgeben habe. Weißt du, ich st-st-stottere.«

Gott sagt: »Nun kann ich dich gebrauchen!«

Mose ist schlussendlich in völlige Abhängigkeit von Gott gebracht worden. Achten Sie auf seine Einstellung: »Herr, was soll ich sagen, wer mich gesandt hat?«. Dies ist weit entfernt von seiner früheren Annahme, dass seine Brüder einfach wissen müssten, dass Gott *ihn* erhöht hat ...

Gott antwortet Mose, indem er sagt: »Sag ihnen, der ›Ich bin‹ hat dich gesandt«. Nach der Übersetzung »Rotherhams Emphasized« bedeuten die Worte, die als »Ich bin« übersetzt werden, im Ursprung »Ich werde ________ sein«. Mit anderen Worten: Gott sagt zu Mose, dass er sein wird, was auch immer er braucht. »Ich bin deine Weisheit. Ich bin dein Friede. Ich bin deine Versorgung. Ich bin deine Kraft. Ich bin deine Gerechtigkeit. Ich bin ________.« Sie können die Lücke selbst ausfüllen. Ich bin davon überzeugt, dass Gott letztendlich jeden Mann oder jede Frau Gottes in vollkommene Abhängigkeit von ihm bringen wird.

HELDEN – DIE BESTEN DER BESTEN ODER NUR DURCHSCHNITTSTYP?

Eine meiner Lieblingsbibelstellen befindet sich in Hebräer 11:

> *»Und was soll ich noch sagen? Denn die Zeit würde mir fehlen, wenn ich erzählen wollte von Gideon, Barak, Simson, Jeftah, David und Samuel und den Propheten, die durch Glauben Königreiche bezwangen, Gerechtigkeit wirkten, Verheißungen erlangten, der Löwen Rachen verstopften, des Feuers Kraft auslöschten, des Schwertes Schärfe entgingen, ... im Kampf stark wurden, der Fremden Heere zurücktrieben« (V. 32–34).*

Ich vermute, Sie werden mir zustimmen, dass dies eine ziemlich beeindruckende Liste ist. Immerhin sind dies all diejenigen, die wir die »Glaubenshelden« nennen. Viele, viele Jahre lang ich mir diese Männer angeschaut und gedacht: »Das ist eine ganz eigene ›Rasse‹ von Mensch. Diese Männer sind Unikate, talentiert, die Ausnahme unter einer Million Menschen sozusagen. Es sind Gottes besondere Agenten, so wie die absolute Eliteeinheit beim Militär oder der Navy.« Ich habe sie aufs Podest gestellt, außer Reichweite des normalen Menschen. Ich werde sowieso nie so sein wie sie, dachte ich. Wieso also überhaupt den Versuch unternehmen? Sie sind die Art Mensch, die es nur einmal innerhalb eines Zeitalters gibt. Ich meine, schauen Sie sich diese Menschen doch einmal an! Wann haben Sie das letzte Mal ein Königreich erobert? Wann haben Sie das letzte Mal einen Löwen besiegt, haben die Kraft des Feuers zum Erlöschen gebracht oder waren ein Kriegsheld und haben fremde Armeen in die Flucht geschlagen? Nicht viele von uns können Dinge in dieser Größenordnung von sich behaupten.

Wenn Sie mit dieser Bibelstelle vertraut sind, werden Sie festgestellt haben, dass ich einen kleinen Satz ausgelassen habe, der alles verändert – meine wahrscheinlich liebste Formulierung in der ganzen Bibel. Lassen Sie uns diese Bibelstelle noch einmal lesen, dieses Mal vollständig. Dann werden Sie feststellen, wie dieser eine Satz alles auf den Kopf stellt. Hier noch einmal Hebräer 11,32–34, dieses Mal ohne Auslassungen:

> *»Und was soll ich noch sagen? Denn die Zeit würde mir fehlen, wenn ich erzählen wollte von Gideon, Barak, Simson, Jeftah, David und Samuel und den Propheten, die durch Glauben Königreiche bezwangen, Gerechtigkeit wirkten, Verheißungen erlangten, der Löwen Rachen verstopften, des Feuers Kraft auslöschten, des Schwertes Schärfe entgingen,* ***aus der Schwachheit Kraft gewannen,*** *im Kampf stark wurden, der Fremden Heere zurücktrieben.«*

Diese kleine Wendung *»aus der Schwachheit Kraft gewannen«* trifft auf jedes einzelne dieser Individuen zu. Sie hatten alle einen gemeinsamen Nenner: Sie alle waren *schwach,* gewöhnlich, durchschnittlich, Individuen, so wie Sie und ich. Sehen Sie? Gott sagte: *»... nicht viele Weise ...«* (1. Kor 1,26). Gott erwählt voller Absicht die Schwachen, die Geringen und die Törichten. Sie alle waren schwache Individuen. Lassen Sie uns einmal die Liste durchgehen.

Gideon

Als erstes haben wir Gideon. Die meisten von Ihnen kennen sicherlich seine Geschichte. Die Midianiter waren in das Land der Israeliten gekommen und hatten alles zerstört. Aus diesem Grund versteckten sich die Israeliten voller Furcht vor den Midianitern in Höhlen. Wir lernen Gideon kennen, als er den Weizen in der Weinkelter drischt. Es war nicht die Zeit für Trauben – oder selbst wenn, so waren die Trauben von den Midianitern geerntet worden –, aber dort ist Gideon mit seinem Getreide und drischt es. Vielleicht will Gideon sich gerade noch einen Laib Brot machen, bevor er stirbt, so wie die Witwe, die Elia zu essen gab. Ich weiß es nicht.

Plötzlich erscheint ihm ein Engel des Herrn und sagt »Gideon, du tapferer Held« (s. Ri 6,12). Wenn der ganze Dialog zwischen den beiden in der Bibel wiedergegeben wäre, so bin ich mir sicher, stünde dort: »Hör auf, mich zu veralbern. Du hast den falschen Gideon erwischt. Weißt du nicht, dass es in Israel 12 Stämme gibt? Manche sind bedeutende Stämme, so wie der Stamm Juda oder der Stamm Levi. Aber ich gehöre zum Stamm Manasse, dem geringsten aller Stämme. Und damit nicht genug: Die Familie meines Vaters ist auch noch die geringste all jener

Familien, die zu diesem Stamm gehören. Und dann bin ich auch noch der Unbedeutendste, der Jüngste in meiner Familie. Gott, du bist bei mir irgendwie am falschen Ende der Leiter angekommen« (s. Ri 6,15).

Da sagte Gott zu ihm: *»Geh hin in dieser deiner Kraft ...«* (Ri 6,14). Was war denn Gideons Stärke? Es war die Erkenntnis, dass er nichts ist – nichts weiter, als ein irdenes Gefäß. »Herr, ich bin nicht gut genug für diese Aufgabe. Ich kann das nicht tun.«

Und Gott antwortet im Grunde genommen: »Gut. Dann bist du genau die Sorte Mensch, die ich suche.«

Wissen Sie? Das größte Problem dabei, Menschen zu gebrauchen, damit sie Gottes Willen ausführen, ist sicherzustellen, dass Gott am Ende die Ehre bekommt – nicht wir. Gott möchte alles mit uns teilen, außer seiner Ehre. Seine Liebe, Geduld, Freundlichkeit, Langmütigkeit, Gerechtigkeit, Frieden, Gnade, Barmherzigkeit ... Gott gibt uns großzügig all diese Dinge, aber er sagt auch: »Meine Ehre werde ich mit niemand anderem teilen« (s. Jes 42,8; 48,11).

Wenn Menschen sich als selbstgenügsam und unabhängig wahrnehmen, dann kosten sie ihre eigene Weisheit so richtig aus. Sie baden in ihrer eigenen Kraft, ihren eigenen Fähigkeiten. Sie geben an mit dem, was sie getan haben, so wie Nebukadnezar, der auf der Mauer von Babylon entlanggegangen ist und gesagt hat: »Sieh doch nur, was ich geschaffen habe, diese großartige Stadt ... Ich meine, ich bin der Urheber all dieser unglaublichen Gebäude und der hängenden Gärten (eines der sieben Weltwunder). Ich bin für all dies verantwortlich. Sieh nur, was ich geschaffen habe.« Er war so von sich selbst eingenommen, dass Gott ihn aus seinem prestigeträchtigen Palast entfernen und auf eine nahegelegene Weide setzen musste, wo ihm dann Federn wuchsen wie die eines Adlers und er Gras fraß wie die Kühe.

Gott sagte Nebukadnezar, dass er in diesem tierähnlichen Zustand bleiben würde, »... *bis du erkennst, dass der Höchste Macht hat über das Königtum der Menschen und es verleiht, wem er will«* (Dan 4,29). Gott wacht eifersüchtig über seiner Ehre, und aus diesem Grund erwählt er schwache Menschen, die ihm seine Ehre widerspiegeln und so zurückgeben.

Barak

Die nächste Person auf der Liste der Helden in Hebräer 11 ist Barak. Wie Sie vielleicht wissen, war Barak der Anführer der israelischen Armee. Er war der Ariel Sharon, Norman Schwarzkopf oder Arnold Schwarzenegger seiner Zeit. Trotzdem war dieser mächtige Mann, der militärische Kopf aller Truppen Israels, nicht bereit, in den Kampf zu ziehen, es sei denn, eine Frau würde mit ihm gehen.

Bitte werfen Sie mir jetzt nicht vor, frauenfeindlich zu sein. Ich danke Gott für jede Frau – ohne Sie wären wir nicht hier; sie tragen unglaublich viel zu unserer Welt bei. Aber wenn es ums Kämpfen geht, verlangen die meisten Männer nicht gerade nach der Hilfe einer Frau. Stellen Sie sich vor, Sie wären ein Junge auf dem Schulhof und jemand ist dabei, Sie zu verprügeln. Hier sind Sie also, ein junger Mann, und jeder beobachtet Sie. Ihre Männlichkeit steht auf dem Spiel. Also, was tun Sie? Rennen Sie los, packen Sie Ihre kleine Schwester und sagen: »Schwester, hilf mir, hilf mir!«? Ich meine, das wäre doch der Gipfel der Demütigung, oder? Was für ein Zeichen der Schwäche wäre das, wenn Sie das nicht allein hinbekommen würden und Ihre kleine Schwester um Hilfe bitten müssten.

Barak sagte im Grunde: »Ich werde nicht kämpfen gehen, es sei denn eine Dame geht mit mir« (s. Ri 4,8). Natürlich wissen wir, dass diese Frau keine Geringere als Debora war, eine Prophetin und Richterin. Um ehrlich zu sein, ich kann es Barak nicht übelnehmen, dass er die weiseste Person, die er kannte – die von Gott erwählte Richterin des Volkes Israel – mit sich nehmen wollte, als er gegen den scheinbar stärkeren Feind in den Kampf zog. Trotzdem lässt ihn dieses Anliegen etwas weniger »männlich« erscheinen, als es die meisten von uns von einem militärischen Leiter erwarten. Aber dieses Bewusstsein der eigenen Unzulänglichkeit macht Barak zur offensichtlichen Wahl Gottes.

Simson

Als nächstes wäre da Simson. Einige von Ihnen mögen jetzt denken: »Also, das muss ja wohl ein Druckfehler sein. Simson ist der Letzte, der in einer Aufstellung wie dieser sein sollte – einer Liste von schwachen Menschen, die Gott gebrauchte.« Immerhin ist Simson für die meisten Menschen der Inbegriff der Stärke. Mit Sicherheit setzen wir Simson nicht mit Schwäche gleich.

»... aus der Schwachheit Kraft gewannen ...« (Hebr 11,34). Ja, sogar Simson. Wir haben nämlich ein ziemlich verzerrtes Bild von diesem Mann. Lassen Sie mich erklären, was ich damit meine.

Ich bin in einer Gemeinde aufgewachsen, und wie die meisten Kinder in der Sonntagsschule hatte auch ich eine kleine Kinderbibel. Darin waren ziemlich viele Bilder abgebildet und an eines von Simson kann ich mich noch ziemlich genau erinnern. In diesem Bild sah er so aus, als hätte er gerade eben erst einen der bedeutendsten Bodybuilder-Wettkämpfe gewonnen – so ein »Stärkster Mann der Welt«-Typ, der diese riesigen Säulen auseinanderdrückt. Jeder einzelne Muskel seines Körpers perfekt geformt und fein geschliffen. Aber so war er überhaupt nicht.

Ich kann mich an die vielen Male erinnern, die mein Vater seine Gedanken zu genau dieser Passage mitgeteilt hat. Er sagte: »Wenn wir in den Himmel kommen, werden dort jede Menge Schlangen von Menschen sein, die Autogramme wollen. Du wirst eine Schlange sehen und fragen: ›Für wen ist die? – Ach, Mose, ich sollte mir mal besser sein Autogramm holen. Für wen ist diese Schlange? – Für den Apostel Paulus, wow, den würde ich gerne mal treffen. Und für wen ist die hier? – Jeremia, oh, den würde ich liebend gerne kennenlernen. Und was ist mit dieser hier? – Oh, Johannes würde ich gerne treffen; all die Offenbarungen, die er hatte. Und diese Schlange, für wen ist die? – Simson? Echt? Das ist Simson? Was du nicht sagst‹.«

»Du wirst die Schlange entlanggucken und am Ende diesen kleinen dürren Kümmerling von Mann sehen, der Autogramme gibt, und wirst sagen: ›Nein, da musst du falsch liegen, das kann nicht Simson sein‹.«

Sehen Sie? Genau das war so verwirrend für Delila. Sie konnte einfach nicht den Grund für seine Stärke herausfinden. Jetzt stellen Sie sich mal vor, wie sie ihren Kopf an seine 130 cm Brust und seinen 60 cm Bizeps schmiegt und dann fragt: »Wie kommt es, dass du so stark bist?« Was für eine verrückte Frage! Da ist ein Mann mit Armen wie ein Baumstamm und einer Brust wie ein Fass und sie fragt: »Wie kommt es, dass du so stark bist – was ist dein Geheimnis?«

Aber sehen Sie, Delilas Dilemma war, dass sie diesen Mann nicht verstehen konnte. Er schien wie jeder andere Mann – abgesehen von seiner unglaublichen Kraft. Und er sagte: »Wenn du meine Haare schneidest, dann werde ich schwach wie jeder andere Mann«. Seine natürliche Kraft hatte nichts mit seiner Fähigkeit zu tun, Verwüstung über die Philister zu bringen.

Seine Kraft stammte aus seiner Salbung und leitete sich aus seiner Beziehung zu Gott ab, *aus Schwachheit wurde er stark gemacht.*

Jeftah

Nach Simson folgt Jeftah. Wir reden hier über jemanden, vor dem sich nur Widerstände auftürmten. Ich glaube, dass Jeftah wohl der am meisten abgelehnte Mann der Bibel war – abgesehen von Jesus Christus, der, wie wir wissen, »von den Menschen verachtet und verlassen war« (s. Jes 53,3). Aber Jeftah kommt gleich an zweiter Stelle. Er war ein Bastard, ein uneheliches Kind. Können Sie sich das vorstellen: Ein uneheliches Kind im Alten Testament? Ich meine, wir reden hier über eine Schande, die dem Charakter dieses Menschen anhaftete, ein Stigma, mit dem er aufwachsen musste. Jeder in der Stadt wusste, dass er ein illegitimes Kind war. Die Bibel spricht davon, dass er von seinen Brüdern und all den Ältesten von Gilead verstoßen war. Mit anderen Worten: Die ganze Stadt wandte sich gegen ihn. Dennoch legt Gott seine Salbung auf Jeftah und erhebt ihn, und er wird einer der Richter Israels. Hier ist einer von Schwäche zu Stärke gekommen. Was für eine wunderschöne und starke Veranschaulichung der Gnade Gottes. Er erhebt den Bettler vom Misthaufen und macht ihn zu einem Königssohn Gottes.

David

Auch David taucht in der Liste der »Schwächlinge« in Hebräer 11 auf. Wir denken immer, wir kennen David doch so genau, oder? Aber lassen Sie uns einmal zu der Zeit vor Davids Ruhm gehen:

Als junger Mann passte David auf die Schafe seine Vaters Isai auf. Er hatte keine Ahnung davon, dass Gott jeden seiner Schritte genau beobachtete – und ihm gefiel was er sah –, während andere ihn nicht einmal eines Blickes würdigten.

In dieser Zeit war Saul der König Israels, aber aufgrund seines Ungehorsams und seiner Rebellion hatte Gott beschlossen, ihn durch einen Mann nach seinem Herzen zu ersetzen. Dem Auftrag Gottes folgend ging der Prophet Samuel in die Heimatstadt Davids, Bethlehem, um einen Nachfolger Sauls zu salben.

Samuel, der Angst hatte, dass die Einwohner von Bethlehem herausfinden könnten, weshalb er gekommen war, erzählte ihnen, dass er gekommen sei, um dem Herrn Opfer darzubringen. Er legte Wert darauf, Davids Vater Isai einzuladen, und beauftragte ihn, seine Söhne – acht an der Zahl – mitzubringen. Doch Isai, davon ausgehend, dass Samuel ohnehin kein Interesse an seinem jüngsten Sohn David haben würde, sorgt dafür, dass nur sieben seiner Söhne anwesend sind.

Stellen Sie sich einmal vor, wie Sie sich fühlen würden, wenn ein so großer Mann Gottes Ihre Familie zu einem besonderen Ereignis einlädt – einer dieser Tage, die Sie nie im Leben vergessen würden –, aber Ihnen wird davon gar nichts erzählt, geschweige denn, dass Sie mit eingeladen werden.

Ich kann mir gut vorstellen, wie die Familie sich fertig macht und sie alle gemeinsam überlegen, was sie anziehen und wie sie sich wohl in der Gegenwart dieses »Nationalhelden« verhalten sollen. Nach dem Opfer präsentiert Isai Samuel seine Söhne. Samuel fühlt sich schnell von Eliab angezogen und nimmt sofort an, dass er wohl der Richtige für den Job sein wird. Aber stattdessen gibt Gott Samuel zu verstehen, dass er nicht mit dem Aussehen eines Menschen, sondern vielmehr mit dem Zustand des Herzens zu beeindrucken ist (s. 1. Sam 16,7). Schnell scheiden alle sieben anwesenden Söhne aus.

Ich stelle mir vor, wie Samuel irgendwie verwirrt dreinschaut, sich zu Isai umwendet und ihn fragt: »Habe ich einen Fehler gemacht? Sind das alle? Ich dachte, deine ganze Familie ist hier.«

Und ich sehe, wie Isai beschämt seinen Kopf senkt, während er antwortet: »Da gibt es noch einen« oder im genauen Wortlaut der Bibel: *»Der **Jüngste** ist noch übrig ...«* (1. Sam 16,11). Im Hebräischen bedeutet das Wort *der Letzte,* nicht nur zahlenmäßig, sondern in jeder Hinsicht. Im Grunde genommen sagt Isai: »Ist es schon so weit gekommen? David?«.

Einige der orthodoxen Juden gehen davon aus, dass David ein uneheliches Kind war, weil es in Psalm 51,7, der David zugeschrieben wird, heißt: *»... in Sünde hat mich meine Mutter empfangen«*. Ganz gleich, ob das wirklich der Fall war, gab es wohl etwas an David, das ihn vom Rest seiner Familie trennte. Er war sozusagen ein Verstoßener. Und den Rest der Geschichte kennen wir: »Aus Schwachheit heraus wurde er stark gemacht«.

Ich glaube, dass der Schlüssel zu Davids Leben in dem Satz »David fragte nach Gott ... David fragte nach Gott ... David fragte nach Gott.« liegt. Jedes Mal, wenn David nicht wusste, was er tun sollte, hängte er sich an Gott, um Weisung und Führung zu empfangen. ABHÄNGIGKEIT – das ist der Grund, weshalb David so bedeutend war. Er nutzte weder seine eigene Weisheit noch seine eigenen Kompetenzen, Fähigkeiten oder Charismen. Stattdessen suchte er den Willen des Herrn: »Soll ich das tun? Soll ich in den Kampf gegen die Philister ziehen? Soll ich ...?«.

Samuel

Kommen wir schließlich zu Samuel. Samuel war ein kleiner Junge im Tempel. Die Bibel sagt: *»... das Wort des Herrn war selten* *in jenen Tagen ...«* (1. Sam 3,1). Es gab keine Botschaften, keinen Propheten; niemand hörte wirklich von Gott. Es gab eine Hungersnot im Hören des Wortes Gottes. Aber dann sprach Gott in das Leben eines kleinen Jungen hinein – und überging damit Eli und seine Söhne Hofni und Pinhas, die geistlichen Leiter dieser Zeit, die nicht rein vor Gott lebten –, und er kommt hinunter und flüstert in das Ohr eines kleinen Jungen. Plötzlich weiß ganz Israel, dass Gott dem Jungen Samuel erscheint und zu ihm spricht. Was für ein wunderbares Bild dafür, dass Gott Schwäche in Stärke umwandelt.

JETZT SIND WIR AN DER REIHE

Ich habe Sie in diese Studie über die schwachen »Helden« mit hineingenommen, weil ich weiß, dass einige von Ihnen sich selbst schon abgeschrieben haben. Sie haben der Lüge des Feindes geglaubt, die besagt, dass Gott niemals so jemanden wie Sie gebrauchen könnte. Sie haben die folgenden Ausreden gebraucht: »Ich habe keine gute Ausbildung«; »Ich habe nicht die entsprechende Persönlichkeit«; »Ich habe einige Leichen im Keller«; »Wenn die Menschen nur meine Vergangenheit kennen würden«. Sie sind der Lüge verfallen, dass Gott Sie niemals gebrauchen könnte. Aber ich bin hier, um Ihnen zu sagen, dass Gott darin spezialisiert ist, sich schwache Menschen auszusuchen, sie zu reinigen, an den Punkt der Anhängigkeit von ihm zu bringen und dann seine Salbung und Autorität auf ihr Leben zu legen.

Ich habe eine kleine Bibelschule besucht – wir waren ca. 35 Schüler in unserer Klasse – und alle paar Wochen gingen die Schüler auf Einsätze. Sie wurden gebeten, rauszugehen und Zeugnis zu geben oder zu singen. In den ganzen drei Jahren, die ich diese Schule besucht habe, wurde ich nicht ein einziges Mal gebeten, auf einen dieser Einsätze mitzugehen. Nun, ich konnte verstehen, warum ich nie gebeten wurde zu singen. Das war offensichtlich für jeden, der mir zuhörte. Und wenn ich jetzt darauf zurückschaue, kann ich auch verstehen, warum ich nie gebeten wurde, in irgendeiner anderen Art zu dienen. Ich war unglaublich schüchtern, nervös und sehr mit mir selbst beschäftigt. Ich konnte absolut nicht in der Öffentlichkeit sprechen, und wenn ich es doch einmal tun musste, zitterte mein Kopf. Es ist eine Sache, wenn einem die Knie schlottern. Aber je mehr mein Kopf unkontrolliert zitterte, desto verlegener wurde ich. Jahrelang war dies für mich unbeschreiblich furchteinflößend; es war etwas, wegen dem ich zu Gott schreien musste, um es zu überwinden. Ich weiß wirklich, was es bedeutet, von Schwachheit zu Stärke zu gehen.

Hunderte von Malen bin ich in meiner persönlichen stillen Zeit vor Gott auf mein Angesicht gefallen, habe wie ein Baby geweint und gesagt: »Gott, ich kann nicht glauben, dass ich wirklich tue, was ich tue, wenn ich darauf zurückschaue, wie ich einmal war«. Ich erzähle Ihnen das, um Sie zu ermutigen. Drei Jahre in einer Bibelschule und ich bin niemals gefragt worden. Warum? – Weil Menschen auf die äußere Erscheinung achten. Wir bewerten nach Charisma, nach Charakter, nach natürlicher Stärke und Intellekt. Gott jedoch kümmert sich nicht im Geringsten darum. Er erwählt die Schwachen, die Törichten, die Armen und die Verachteten.

SEIEN SIE STARK IM HERRN

Gottes Wort ermahnt uns: »Werdet stark im Herrn und in der Macht seiner Stärke!« (Eph 6,10).

Als kleiner Junge lebte ich in England und ging in eine Schule, die ungefähr 1,5 Kilometer von unserem Haus entfernt war. Auf dem Weg nach Hause kam ich oft an anderen Schülern von anderen Schulen vorbei, die auch auf dem Weg nach Hause waren. Manche dieser Schüler kreisten mich auf der Straße ein und ärgerten mich ein bisschen. Da stand ich dann also, ein kleiner englischer Junge mit grauen Flanellhosen und Schulranzen oder Ledertasche auf meinem Rücken. Ich fürchtete mich vor diesen anderen Schülern, weil sie meistens genau in der Stimmung waren, um jemanden zu verprügeln. Wenn sie mich sahen, jagten sie mich, warfen mit Steinen oder anderen Dingen nach mir; und wenn sie mich zu fassen bekamen und die Chance hatten, mich zu verprügeln, dann taten sie es. Ich hielt schon immer nach ihnen Ausschau, und wenn ich sie kommen sah, dann nahm ich irgendeine Seitenstraße und ging auf anderem Weg nach Hause.

Aber manchmal kam mein Vater zur Schule, holte mich ab und wir gingen gemeinsam nach Hause. Auf dem Weg konnte ich genau die gleichen Kinder sehen und konnte ihnen eine lange Nase oder was sonst noch machen, ohne Angst zu haben – und das, ohne dass ich irgendwie anders gewesen wäre als am Tag davor. Ich war nicht stärker. Ich hatte auch keinen Kurs in Selbstverteidigung besucht oder die ganze Nacht lang Gewichte gestemmt. Ich war immer noch genauso schwach und winzig wie am Tag zuvor. Aber verstehen Sie, ich war nun stark in der Stärke meines Vaters. *»Werdet stark im Herrn und in der Macht seiner Stärke!«*

Meine Macht hatte sich nicht geändert, aber ich hatte eine Beziehung; ich hatte jemanden bei mir. Wir müssen diese Art von Abhängigkeit erlernen, bis wir sagen können: »Gott, ich bin vollkommen und absolut abhängig von dir«. Die Bibel spricht davon, dass wir diesen *»Schatz in irdenen Gefäßen«* (2. Kor 4,7) haben. Wir müssen unsere irdenen Gefäße anerkennen; sie sind nichts, aber die Gnade und die Kraft Gottes stehen zu unserer Verfügung.

GOTT MÖCHTE LEERE GEFÄSSE

Lassen Sie mich Ihnen noch eine Geschichte aus 2. Könige 4 erzählen. Es ist die tragische Geschichte einer Frau, deren Mann stirbt. Laut Bibel wurde er als ein »Prophetensohn« angesehen (s. 2. Kö 4,1). Im selben Vers kommt diese Frau zu einem anderen Propheten, Elisa, und sagt: *»Dein Knecht, mein Mann, ist gestorben, und du hast doch selbst erkannt, dass dein Knecht den HERRN fürchtete. Nun aber ist der Gläubiger gekommen, um meine beiden Söhne für sich als Sklaven zu nehmen«.*

Offensichtlich hatte sie aufgrund des Todes ihres Mannes einiges an Schulden angehäuft und keine Möglichkeit, diese abzubezahlen, weshalb der Gläubiger kam, um ihre Kinder als Sklaven zu nehmen. Wir wissen nicht, wie alt ihre Kinder waren, aber ohne Zweifel waren sie alt genug, um als Sklaven verkauft zu werden.

Diese arme Frau hat nicht nur das Trauma des Verlustes ihres Mannes erlitten, sondern muss jetzt auch noch dem Trauma entgegensehen, dass ihr ihre Kinder weggenommen, vielleicht auf irgendeiner Auktion versteigert und in ein weit entferntes Land geschickt werden. Sie rechnet damit, dass sie sie vielleicht niemals wiedersehen wird, und deshalb fleht sie den Propheten um Hilfe an.

Da sagt der Prophet zu ihr: »Nun, was hast du in deinem Haus?«. Vielleicht war er ja einige Male in diesem Haus des früheren Propheten gewesen und daraus war eine Freundschaft zwischen den beiden entstanden. Vielleicht entsinnt er sich auch noch an das letzte Mal, dass er in dem Haus war und erinnert sich an einige Gegenstände. Wenn wir die Geschichte modernisieren müssten, dann würde sie sich vielleicht ungefähr so anhören:

»Das letzte Mal, als ich hier war, hattet ihr einen wunderschönen Flügel. Warum verkaufst du den nicht? Das würde sicherlich einige Zeit überbrücken und einige deiner Schulden tilgen.«

»Ach, das Klavier haben wir schon seit Monaten nicht mehr.«

»Nun, ich weiß nicht. Ihr hattet so einen Rasentraktor. Was ist damit?«

»Ja, aber den haben wir auch nicht mehr.«

»Wie sieht es mit den wunderschönen antiken Schlafzimmermöbeln aus, die ihr hattet?«

»Haben wir auch schon verkauft.«

»Was ist mit dem riesigen Kühlschrank?«

»Auch nicht mehr da.«

»Was hast du denn dann im Haus? Es muss doch noch etwas geben, was du verkaufen kannst.«

»Hör zu, ich hab es dir schon mal gesagt. Wir haben alles verkauft. Ich habe nichts Wertvolles mehr übrig außer diesem kleinen Fläschchen Öl.«

»Ich sage dir, was du zu tun hast«, sagt der Prophet. »Geh und leih dir so viele leere Gefäße aus wie nur möglich. Wenn du das getan hast, geh ins Haus und schließe die Tür. Dann nimm dieses kleine Fläschchen Öl und fang an, die leeren Gefäße damit zu füllen.«

Hier haben wir eines der bedeutendsten Beispiele von Abhängigkeit. Ich habe einmal einen Mann Gottes sagen gehört: **»Je mehr Leere du Gott präsentieren kannst, desto mehr kannst du von seiner Fülle empfangen.«**

Das größte Problem der meisten von uns ist, dass wir schon voll sind – voll von unserer eigenen Kraft, unseren eigenen

Fähigkeiten, unserer eigenen Weisheit, unserer eigenen Einsicht, unserem eigenen Talent –, was bedeutet, dass nur sehr wenig Raum für Gott übrig bleibt. Ist es dann überhaupt verwunderlich, dass Gott schwache, arme, leere Gefäße auswählt? Denn dann kann er sein Leben hineinfüllen. Das ist der Grund, weshalb Gott uns zunächst sozusagen leert, entkleidet und uns von unseren eigenen Ressourcen befreit. Es kann sein, dass wir uns zunächst einmal für ein paar Jahre durchmogeln können, aber wenn wir Gott wirklich folgen, wird der Punkt kommen, an dem er uns von unseren eigenen, natürlichen Fähigkeiten vollkommen losmacht, damit er uns dann mit den Ressourcen des Himmels füllen kann. *»Glückselig die [Bettler], denn ihrer ist das Reich der Himmel«* (s. Mt 5,3).

Vielleicht denken Sie, dass ich etwas zu sehr auf diesem Punkt herumreite, aber es ist äußerst wichtig, dass wir dies als ein Prinzip anerkennen, auf dem wir unser Leben aufbauen. Jesus sagte: *»Ich bin gekommen, damit sie Leben haben ...«* (s. Joh 10,10). Mit anderen Worten: Wir müssen uns ständig dessen bewusst sein, dass wir von ihm völlig abhängig sind, und zwar von ihm allein.

Dr. Martyn-Lloyd Jones sagt in seinem Aufsatz, der die Bergpredigt zum Thema hat, über die *»Armen im Geist«:*

> *Dies ist das wesentliche Merkmal der Christen und der Bürger des himmlischen Königreiches. Alle anderen Wesenszüge resultieren in gewisser Hinsicht daraus. Wenn wir uns tiefergehend damit beschäftigen, dann werden wir sehen, dass es tatsächlich eine Entleerung bedeutet, während die anderen eine Manifestation der Fülle sind. Wir können nicht gefüllt werden, bevor wir nicht leer sind.*

Er fährt fort:

Es bedeutet eine völlige Abwesenheit von Stolz, eine völlige Abwesenheit von Selbstbewusstsein und Selbstständigkeit. Es bedeutet, dass wir uns dessen bewusst sind, dass wir in der Gegenwart Gottes nichts sind. Es ist darum nichts, was wir produzieren können; es ist nichts, was wir aus uns selbst heraus machen können. Es ist einfach nur das unglaubliche Bewusstsein unserer völligen Nichtigkeit, wenn wir Gott von Angesicht zu Angesicht gegenübertreten. Das bedeutet »geistlich arm« zu sein. Lassen Sie es mich noch einmal so radikal wie möglich formulieren, und ich tue dies auf der Grundlage der biblischen Lehre. Es bedeutet, dass wir uns als wahre Christen nicht auf unsere natürliche Herkunft berufen. Wir sollen uns nicht darauf verlassen, dass wir zu einer bestimmten Familie gehören und auch nicht damit angeben, dass wir einer bestimmten Nation angehören. Wir sollen nicht auf unserem natürlichen Temperament aufbauen. Wir sollen nicht auf unsere natürliche Position im Leben vertrauen, noch auf irgendwelche Macht, die uns gegeben wurde. Wir sollen uns nicht auf das Geld oder den Reichtum, den wir haben, verlassen. Das, womit wir angeben sollen, ist nicht unsere Bildung oder die Tatsache, dass wir eine bestimmte Schule oder Universität besucht haben. Nein, all dies bezeichnet Paulus als »Dreck« und Hindernis auf dem Weg zu etwas Größerem, weil es dazu tendiert, uns zu beherrschen und zu kontrollieren. Wir sollen uns nicht auf irgendwelche Begabungen wie unsere natürliche »Persönlichkeit«, Intelligenz oder auch allgemeinen oder besonderen Fähigkeiten verlassen. Wir sollen nicht auf unsere Moral, unser Verhalten oder gutes Benehmen vertrauen. Wir sollen nicht im Geringsten auf dem Leben aufbauen, das wir leben bzw. versuchen zu leben. Stattdessen sollen wir diese Dinge so sehen, wie Paulus sie gesehen hat. Das ist »Armut im Geist«. ... Ich sage es noch einmal: Es

> *bedeutet zu wissen und zu spüren, dass wir nichts sind und nichts haben, sondern in völliger Hingabe und Abhängigkeit von Gott und seiner Gnade und Barmherzigkeit leben.*[3]

Oswald Chambers schreibt in seinem Buch »*Studies in the Sermon on the Mount*«:

> *Die Bergpredigt verursacht Verzweiflung im Herzen eines natürlichen Menschen, und genau das hatte Jesus damit vor. Denn in dem Moment, in dem wir den Punkt der Verzweiflung erreichen, sind wir bereit, als Almosenempfänger zu Jesus zu kommen und von ihm zu empfangen.* »Glückselig die Armen im Geist« – *das ist das erste Prinzip des Königreich Gottes. Solange wir noch eingebildet und selbstgerecht davon ausgehen, dass wir es schaffen, wenn Gott uns hilft, muss Gott uns weitermachen lassen, bis wir uns an irgendeinem Hindernis den Nacken an unserer Ignoranz brechen. Dann erst sind wir bereit, zu kommen und von ihm zu empfangen. Der Grundstein des Königreiches Jesu Christi ist Armut, nicht Besitz; nicht Entscheidungen für Jesus, sondern das Gefühl der absoluten Sinnlosigkeit – ich kann es allein nicht schaffen. Dann sagt Jesus: »Glückselig bist du«.*[4]

Im Hohelied der Liebe wird davon erzählt, wie die Braut auf ihren Geliebten gestützt aus der Wüste bzw. der Wildnis kommt. Genau so möchte Gott die Gemeinde haben: auf ihn gestützt. Vor vielen Jahren haben wir häufig ein Lied gesungen, in dem es hieß: »Leaning on the everlasting arms, I'm leaning, leaning ...«

---

3 David Martyn-Lloyd Jones, *Studies in the Sermon on the Mount* (Grand Rapids, MI: Eerdmans Publishing, 1984), 42, 50.

4 Oswald Chambers, *Studies in the Sermon on the Mount* (London: Simpkin Marshall, Ltd., 1932), 12.

(»Gestützt auf die ewigen Arme, ich stütze mich, stütze mich ...«). Das ist genau diese Abhängigkeit. Wir sind nicht länger selbstgenügsam oder selbstständig, sondern wir stützen uns in allen Dingen in absoluter und völliger Abhängigkeit auf unseren Herrn Jesus Christus. Ich habe mich so lange mit diesem ersten Prinzip beschäftigt, weil es entscheidend ist, dass wir die Wichtigkeit dieses Prinzips verstehen. Es ist das kritischste und alles andere ist davon abhängig. Wenn ich auf mein Leben und das Leben anderer schaue, dann bin ich überzeugt davon, dass dies der Schlüssel für Langlebigkeit im Dienst ist. In dem Moment, wo wir aus unserer eigenen Kraft, unseren eigenen Ressourcen und unseren eigenen Fähigkeiten schöpfen, schicken wir Gott eine klare Botschaft, nämlich die, dass er nicht länger vonnöten ist und wir die Dinge allein schaffen.

Usija aus dem Alten Testament ist dafür ein gutes Beispiel. Es heißt: *»... und in den Tagen, da er den HERRN suchte, gab ihm Gott Gelingen«* (2.Chr 26,5). Hier sehen wir einen Mann, der wusste, was es bedeutete, für jedes Anliegen das Angesicht Gottes zu suchen. Seine Zeit mit Gott war für alle offensichtlich – Gott ließ es ihm gelingen. Aber dann spricht die Bibel davon, dass Gott ihn verließ, als *»er sehr mächtig war«* (s. 2.Chr 26,15–21). Nichts ist tragischer, als wenn Gott seine segnende Hand von einem Leben zurückzieht.

Gott möchte seinen Geist in uns ausgießen, aber dafür müssen wir leer sein. Wir müssen unsere Bedürftigkeit anerkennen: »Herr ich kann es nicht, aber du kannst ... Herr, hier bin ich, füll mich auf.« Das sollte unser Gebet sein. Wenn Sie einer dieser Menschen sind, die aus ihrer eigenen Kraft, ihren eigenen Fähigkeiten heraus arbeiten, dann sagen Sie: »Herr, leere mich. Herr, ich habe es satt, alles auf meine Art zu machen. Ich möchte lernen, die Dinge auf deine Art und Weise zu tun. Ich möchte so sein wie das Modell des Sohnes, Jesus Christus, der nichts aus sich selbst heraus tun konnte und nichts aus sich selbst heraus begonnen hat. Und, Herr, ich möchte die Aussage Jesu in Johannes 15,5 ›*getrennt von mir könnt ihr nichts tun*‹ demütig annehmen und aussprechen.«

Bitte beten Sie mit mir: »Vater, ich danke dir, dass du gerne die Schwachen, die leeren Gefäße, nimmst, um sie mit deinem Leben, deiner Kraft, deiner Weisheit zu füllen und deine Salbung auf ihr Leben zu legen. Herr, hilf uns zu erkennen, dass wir ohne deine Gnade keine Kraft und keine Fähigkeiten haben. Herr, halte uns fest an diesem Ort der Abhängigkeit. Lass uns niemals so weit kommen, dass wir denken, wir wären unabhängig. Vater, zerstöre dieses Unabhängigkeitsdenken, das in jedem Einzelnen von uns ist und bewahre mich auf meinem Angesicht vor dir. In Jesu Namen, Amen.«

KAPITEL 2

INTIMITÄT

Haben Sie jemals darüber nachgedacht, was für ein wunderbares Privileg es ist, dass jeder von uns jeden Tag und zu jeder Zeit des Tages die Freiheit hat, Gott zu bitten, ihm im Allerheiligsten zu begegnen und zu hören, was er zu sagen hat? ... Christus kam vom Himmel herab, um uns mit der Liebe zu lieben, mit der ihn der Vater geliebt hat. Er litt und starb, um unsere Herzen für diese Liebe zu gewinnen. Seine Liebe ist mit nichts weniger zufrieden als mit tiefer, persönlicher Liebe unsererseits.

– *Andrew Murray*

Die Salbung mit dem Heiligen Geist ist die göttliche Ermächtigung, die die Fähigkeiten und den Intellekt des natürlichen Menschen übersteigt und ihn für die Aufgabe, zu der Gott ihn berufen hat, ausrüstet. Johannes erinnert uns in seinem Brief, dass *»(d)ie Salbung, die ihr von ihm empfangen habt, in euch (bleibt) ...«* (1. Jo 2,27). Diese sehr wertvolle Ausstattung mit dem Heiligen Geist sollte nicht für selbstverständlich oder auf die leichte Schulter genommen werden. Es ist entscheidend, dass wir die Notwendigkeit des »Schutzes«, der uns anvertraut worden ist, verstehen. Der Geist Gottes kann leicht betrübt oder erstickt werden; aus diesem Grund schauen wir uns einige der Prinzipien an, die Langlebigkeit und kontinuierliche Effektivität in unserer Berufung und unserem Dienst garantieren.

In meiner Bibel habe ich einen Zettel mit einem Statement von John Maxwell. In Leiterkreisen ist John Maxwell ein geschätzter geistlicher Mentor und eine Vaterfigur. In seinem Buch *»The Twenty-One Most Powerful Minutes in a Leader's Day«* (*»Die*

21 stärksten Minuten am Tag eines Leiters«) stellt er fest: »Nur einer von zehn, die in den geistlichen Dienst eingetreten sind, wird noch immer im Dienst sein, wenn er 65 ist«. Das sind nachgewiesene Statistiken; sie stammen nicht von mir. Einer von zehn, die in den geistlichen Dienst eingetreten sind, wird noch immer im Dienst sein, wenn er 65 ist. Es muss etwas getan werden, um das geistliche Ausbluten im Leib Christi einzudämmen.

MENSCHLICHE RESSOURCEN REICHEN NICHT AUS

Das erste Kapitel haben wir damit begonnen, dass wir uns Jesus als »das Modell des Sohnes« angesehen haben. Petrus ermahnt uns, *»seinen Fußspuren«* nachzufolgen (s. 1. Petr 2,21). Wir haben uns als erstes Prinzip den ganzen Bereich der Abhängigkeit angesehen. Jesus sagte, dass er nichts aus sich selbst tun konnte. Das Prinzip der Abhängigkeit von Gott zieht sich durch das ganze Wort Gottes. Nehmen wir z. B. einmal Jesus, der die 5.000 Menschen ansah, die ihm aufgrund der Zeichen und Wunder, die er tat, gefolgt waren. Er war sich des natürlichen Hungers dieser Menschen bewusst, drehte sich zu seinen Jüngern um und sprach: *»Gebt ihr ihnen zu essen!«* (Lk 9,13). Wie weit sind die Menschen, die heute im Dienst sind, davon entfernt. Sie verlassen sich darauf, dass die Menge ihre Nöte stillt. Wie sich doch die Zeiten geändert haben.

Offensichtlich hatten die Jünger weder genug Essen noch genug Geld, um Essen für all die Menschen zu kaufen. Aber dann fand Andreas einen kleinen Jungen, der ein bisschen Brot und Fisch dabei hatte, was die Frage zur Folge hatte: *»Aber was ist dies [das Brot und der Fisch] unter so viele?«* (Joh 6,9). Jesus hatte offenbar diese Situation arrangiert, weil er ihnen zeigen wollte, dass seine Kraft in den Schwachen zur Vollendung kommt (s. 2. Kor 12,9).

Die meisten von uns kennen sicherlich den Ausspruch: Unsere Verlegenheit ist Gottes Gelegenheit. Nun, stellen Sie sich einmal vor, Sie hätten nur zwei kleine Sardinen und ein paar Brötchen, um damit 5.000 hungrige Männer plus Frauen und Kinder zu speisen. Ich glaube nicht, dass damit wirklich irgendwer zufriedenzustellen wäre. Das wäre, wenn überhaupt, ein Krümel pro Person. Wenn wir jedoch das Wenige, das wir haben, in die Hände des Herrn legen, und er es in die Hand nimmt und beginnt, es zu zerbrechen, dann wird den Nöten der Menge immer angemessen begegnet werden. Das Ende dieser Schriftstelle lautet: »*... sie aßen und wurden alle gesättigt ...*« (Lk 9,17).

Mit anderen Worten: Das war nicht nur eine kleine Vorspeise, die den schlimmsten Hunger für eine Weile nahm, sondern es füllte sie, bis sie wirklich satt waren. So etwas kann nur Gott tun. Gott kann unsere Unzulänglichkeiten und Mängel nehmen und sie gegen seine Zulänglichkeit eintauschen.

In 2. Mose findet sich noch eine wunderbare Geschichte, in der die Kinder Israels den ersten Problemen gegenüberstehen, nachdem sie Ägypten verlassen haben (s. 2. Mo 17). Sie treffen auf die Amalekiter, die sich auf die Israeliten stürzen, sodass es zum Kampf kommt. Es ist der allererste Kampf, dem sich die Israeliten nach ihrer »Bekehrung« gegenübersehen; sie wurden durch das Blut des Lammes erlöst. Nachdem Sie wiedergeboren sind, dauert es nicht lange, bis der Feind kommt und versucht, alles zurückzuholen, was ihm genommen wurde, und so kommt er dann wie die Amalekiter. Die Amalekiter werden auch »die Sünder, die Amalekiter« genannt (s. 1. Sam 15,18); das ist die Definition, die die Bibel für sie gibt: »Sünder«. Die Sünde versucht immer Eingang in unser Leben zu finden und die Herrschaft zu übernehmen.

Mittendrin sandte Mose Josua in den Kampf gegen die Amalekiter. In der Zwischenzeit stationierte Mose sich auf einem nahegelegenen Berg – nicht, um dem Kampf zu entfliehen, sondern um zu beten. Während er im Gebet ringt, die Arme vor Gott erhoben, wird er müde und seine Hände sinken herab. Laut der Bibel war Josua so lange in der Lage, siegreich gegen die Amalekiter zu kämpfen, wie Mose die Hände erhoben hatte; jedes Mal aber, wenn Mose die Hände sinken ließ, gewannen die Amalekiter die Oberhand (s. 2. Mo 17,11). Der Schlüssel zu Josuas Erfolg war also die Tatsache, dass Mose für Israel betete und zu Gott schrie.

Im Laufe des Tages verließen Mose die Kräfte, was den Amalekitern einen Vorteil verschaffte. Aaron und Hur bemerkten, was vor sich ging, und machten sich daran, Moses Arme zu stützen. Von dem Moment an, als der eine auf der einen Seite und der andere auf der anderen Seite Moses Arme stützten, war Josua wieder in der Lage, die Amalekiter zu bezwingen. In der Fußnote in der Bibel-Übersetzung »New International Version« ist eine alternative Übersetzung für 2. Mose 17,16 angegeben, die da lautet: »Weil eine Hand am Thron Gottes war«. Mit anderen Worten heißt das, dass Mose so lange mit dem Thron Gottes in Verbindung stand, wie er seine Hände erhoben hatte. Das bedeutet: Solange wie Sie und ich mit dem Thron Gottes in Kontakt stehen, werden wir auch Erfolg darin haben, ein heiliges und zielgerichtetes Leben zu führen. Mit unserer eigenen Kraft und unseren eigenen Fähigkeiten können wir die Sünde oder den Feind nicht bezwingen, aber solange Sie und ich den Kontakt mit dem Thron Gottes aufrechterhalten, sind alle Dinge möglich. Er allein ist es, der uns triumphieren lässt.

Sie und ich müssen ständig in die Gegenwart Gottes kommen. Wir wurden nie dazu erschaffen, unabhängig zu sein. Gott hat uns nicht dazu erschaffen, unabhängig zu sein. Stattdessen hat er uns dazu erschaffen, uns in allen Dingen auf ihn zu verlassen.

DIE WICHTIGKEIT DER INTIMITÄT MIT GOTT

Wir wollen jetzt zum nächsten Prinzip kommen – das der Intimität mit Gott. Wenn wir die Abhängigkeit richtig verstehen, so wird sie uns zur Intimität führen. Mit den Worten aus Lukas 11 bedeutet das: Wenn wir erkennen, dass wir kein Brot haben, gehen wir zu der Quelle, die Brot hat. Der unvorbereitete Gastgeber (über den wir im vorherigen Kapitel gesprochen haben), der den Nöten seines Freundes begegnen wollte, kam zu der Einsicht, dass er nichts hatte, was er ihm hätte vorsetzen können. Dies wiederum ließ ihn zu demjenigen gehen (dem Nachbarn), der mehr als genug hatte. In derselben Art und Weise sollte unsere Abhängigkeit von Gott uns zu diesem Ort der Intimität mit Gott führen.

Jesus sagte ihn Johannes 14,10: »*... der Vater aber, der in mir bleibt, tut seine Werke*«. Das bedeutet, dass Jesus eine intime Beziehung mit dem Vater unterhielt. Er hatte eine bleibende Beziehung. Er lief nicht nur hin und wieder zum Vater. Im Gegenteil, er hatte eine konstante, anhaltende Beziehung mit ihm. Damit zeigte Jesus seinen Jüngern, dass Intimität mit dem Vater der Schlüssel zu allem war, was er tat.

Jesus betont das, indem er sagt: »*Wenn ihr in mir bleibt und meine Worte in euch bleiben, so werdet ihr bitten, was ihr wollt, und es wird euch geschehen*« (Joh 15,7). »*Wenn ihr in mir bleibt ...*« – dieses »In-ihm-Bleiben« ist absolut notwendig für das Leben eines Christen. Wir müssen die Intimität mit Gott täglich, stündlich, jeden Moment pflegen. Johannes 15 ist ein wunderbares Kapitel, und doch definiert Jesus darin niemals wirklich, was es bedeutet, in ihm zu bleiben. Er sagt einfach nur, dass wir das tun müssen: »*Bleibt in mir und ich in euch!*« (Joh 15,4).

Dieser Vers geht weiter mit den Worten: »*Wie die Rebe nicht von sich selbst Frucht bringen kann, sie bleibe denn am Weinstock, so auch ihr nicht, ihr bleibt denn in mir«.* Sie und ich können keine Gott wohlgefällige Frucht aus uns selbst heraus produzieren, es sei denn, wir bleiben in ihm. Er weist uns hier also an, ständig in ihm zu bleiben oder bei ihm zu verweilen.

Im folgenden Kapitel des Johannesevangeliums fährt Jesus fort: *»Dies habe ich zu euch geredet, damit ihr euch nicht ärgert«* (Joh 16,1 – im Engl.: damit ihr nicht stolpert). Auf was bezieht er sich denn? – Auf Kapitel 15. Das bedeutet also: Was unser Fallen und Stolpern verhindert, ist unser »In-ihm-Bleiben«. Jesus sagt im Grunde genommen: »Ich habe euch beigebracht, ständig an mir zu bleiben, weil das verhindert, dass ihr fallt oder stolpert«.

JOHANNES BETONT DIE WICHTIGKEIT DES »IN-IHM-BLEIBENS«

Johannes erklärt das Prinzip des »In-ihm-Bleibens« in seinem Brief; im Johannesevangelium ermahnt er uns, in ihm zu bleiben. Aber wenn wir dann den Brief lesen, sehen wir, dass er nicht nur die ungeheure Wichtigkeit des »In-ihm-Bleibens« betont, sondern auch detaillierter erklärt, was er damit meint. Zum Beispiel zeigt er uns auf, dass wir *»... Gemeinschaft mit dem Vater und mit seinem Sohn Jesus Christus ...«* (1.Jo 1,3) haben können. Hier finden wir also wieder die Intimität mit Gott. Anschließend zeigt Johannes auf, dass eine Bedingung für diese Intimität oder Gemeinschaft die ist, dass wir im Licht bzw. in der Wahrheit wandeln. Er erinnert uns daran, *»... dass Gott Licht ist, und gar keine Finsternis in ihm ist. Wenn wir sagen, dass wir Gemeinschaft mit ihm haben, und wandeln in der Finsternis, lügen wir und tun nicht die Wahrheit«* (1.Jo 1,5–6). Wenn wir also sagen, dass wir ihn ihm bleiben, dass wir Intimität und Gemeinschaft mit ihm haben, aber im Dunkeln wandeln, dann betrügen wir uns selbst.

Einer der Schlüssel, um in ihm zu bleiben, ist, dass wir vor Gott im Licht wandeln, in Offenheit, Transparenz und in Ehrlichkeit. Solange wir diese Transparenz, Ehrlichkeit und Offenheit beibehalten, werden wir auch in der Lage sein, in der Gemeinschaft mit ihm zu bleiben. Johannes fährt fort, diejenigen herauszufordern, die sagen, *»Ich habe ihn erkannt ...«*, aber nicht nach seinen Geboten leben (1.Jo 2,4). Johannes beschuldigt diese Menschen als *»Lügner«* und sagt, dass in ihnen keine Wahrheit ist. Weiterhin sagt er, dass die Liebe Gottes in demjenigen zur Vollendung kommt, der sein Wort hält (s. 1.Jo 2,5), was eben ein Zeichen dafür ist, dass wir »in ihm« sind.

Wenn wir nahe an ihm bleiben, wenn wir in ihm bleiben wollen, dann, sagt die Bibel, müssen wir auch sein Wort halten. Das heißt also, dass Gehorsam ein Schlüssel ist, um in ihm zu bleiben. Wenn wir ihn kennen wollen, dann müssen wir in Gehorsam vorangehen.

Johannes fährt fort: *»Wer sagt, dass er in ihm bleibe, ist schuldig, selbst auch so zu wandeln, wie er gewandelt ist«* (1.Jo 2,6). Ein weiterer Schlüssel, um in ihm zu bleiben, ist folglich *»so zu wandeln, wie er gewandelt ist«*. Dieses Wandeln, das Johannes hier anspricht, bezieht sich auf Jesu ganzes Leben – von den Gesprächen, die er führte, bis hin zu seinem Verhalten. Ich glaube, A. W. Tozer hat einmal gesagt: »Wenn du geistlich wachsen willst, dann musst du lieben, was Gott liebt, und hassen, was Gott hasst«. Wenn Sie also wirklich in ihm bleiben wollen, dann lernen Sie zu lieben, was Gott liebt, und zu hassen, was er hasst. Das nämlich bedeutet *»so zu wandeln, wie er gewandelt ist«*.

Es scheint Johannes wichtig zu sein, uns das gesamte Spektrum dessen aufzuzeigen, was es bedeutet, in ihm zu bleiben. Er macht weiter mit: *»Wer seinen Bruder liebt, bleibt im Licht, und* *nichts Anstößiges ist in ihm«* (1.Jo 2,10). Im Licht bleiben – wer oder was ist das Licht? Hier wird sich offensichtlich auf den Herrn Jesus Christus bezogen. Wir können nicht in ihm bleiben, es sei denn, wir lieben einander. Warum? – *»Gott ist Liebe«* (1.Jo 4,8). *»Welche Gemeinschaft [hat] Licht mit Finsternis?«* (2.Kor 6,14).

Wenn wir also mit dem nicht übereinstimmen, wenn wir seine Gebote nicht halten, wenn wir nicht so wandeln, wie er wandelte, dann können wir keine wahre Beziehung, keine wirkliche Gemeinschaft mit ihm haben. Zwei Menschen können nicht gemeinsam gehen, es sei denn, sie sind im Einverständnis miteinander.

Johannes scheint die Wichtigkeit des »In-ihm-Bleibens« sogar noch mehr zu betonen, indem er im weiteren Verlauf diejenigen herausfordert, die scheinbar ziemlich oberflächlich von sich behaupten, sie seien »geistlich« oder eben »ganz gut dabei«. Er warnt sie: *»Liebt nicht die Welt noch was in der Welt ist! Wenn jemand die Welt liebt, ist die Liebe des Vaters nicht in ihm ...«* (1.Jo 2,15). Damit stellt er noch einmal explizit heraus, dass keine echte Beziehung – Gemeinschaft, »In-ihm-Bleiben« – vorhanden sein kann, wenn wir noch immer zutiefst von der Welt angezogen werden. Johannes macht deutlich, dass die Welt zu lieben bedeutet, mit Gott in Feindschaft zu leben – gerade so, wie wir es auch von Jakobus lernen: *»Wer nun ein Freund der Welt sein will, erweist sich als Feind Gottes«* (Jak 4,4). Gut Freund mit der Welt zu sein bedeutet, im Kampf mit Gott zu liegen.

Die Gemeinschaft mit Gott verlangt, abgegrenzt von allem anderen zu sein. Es muss diese »Erste Liebe«-Beziehung bestehen, in der Jesus Christus wichtiger ist als alles andere auf der Welt. David hat das gut ausgedrückt: *»Wen habe ich im Himmel? Und außer dir habe ich an nichts Gefallen auf der Erde«* (Ps 73,25).

Auch im dritten Kapitel des ersten Johannesbriefes setzt sich dieses Thema fort: *»Jeder, der in ihm bleibt, sündigt nicht; jeder, der* *sündigt, hat ihn nicht gesehen noch ihn erkannt«* (1.Jo 3,6). Damit bekommen wir wieder Einsicht und Verständnis dafür, was es bedeutet, in ihm zu bleiben – nämlich nicht zu sündigen. Johannes macht das noch klarer, indem er sagt: »... ***wenn jemand doch*** *[oder: falls jemand] eine Sünde begeht, haben wir einen Anwalt ...«* (1.Jo 2,1 – NGÜ).

FALLS ODER WENN

Ich erinnere mich daran, wie mein Vater nach Amerika reiste, als ich ein kleiner Junge war. Damals war es billiger, mit dem Schiff zu reisen als zu fliegen, und so reiste mein Vater mit der »Queen Elizabeth« oder der »Queen Mary«, beides Schiffe, die heute nicht mehr im Dienst sind.

Die Überquerung des Atlantiks von Southampton nach New York dauerte sieben Tage. Mein Vater erklärte mir, dass sie auf dem Schiff nur wenige Stunden nach dem Ablegen einen Alarm hörten, der alle auf dem Deck versammelte. Jeder Passagier musste seine Rettungsweste mitbringen – es sollte eine Probe für den möglichen Ernstfall stattfinden.

Der Lehrer wies die anwesenden Passagiere gründlich ein und erklärte ihnen, wie sie die Rettungswesten im Ernstfall anzulegen und festzumachen hätten. »Sollte ein Feuer auf dem Schiff ausbrechen oder irgendein anderer Notfall eintreten, müssen Sie diese Informationen wissen.« Er sagte ihnen, was zu tun war.

Mein Vater erzählte mir, dass der Lehrer immer die Worte »*Falls* das Boot untergeht« verwendete. Hätte er gesagt »*Wenn* das Boot untergeht«, so erzählte mir mein Vater, hätte er geschrien: »Umdrehen! Lasst mich aussteigen!« *Wenn* geht davon aus, dass es tatsächlich untergeht, dagegen geht *falls* davon aus, dass dies mit großer Wahrscheinlichkeit nicht geschehen wird. Die Bibel spricht davon: *»... **wenn** jemand **doch** eine Sünde begeht, haben wir einen Anwalt ...«* (s. 1.Jo 2,1) im Sinne von *falls*. Es heißt hier nicht, *»... **wenn** jemand eine Sünde begeht ...«*.

Am Bleistiftende befindet sich ein Radiergummi für denn Fall, dass Sie einen Fehler machen, d.h. *falls* Sie einen Fehler machen. Sie schreiben mit Sicherheit nichts falsch, nur damit Sie den Radiergummi benutzen können. Und genauso wenig verhält es sich mit dem Blut Jesu. Wir machen nicht einfach weiter mit der Sünde und sagen: »Ach, Gott ist doch der göttliche Radiergummi, und was ich tue, ist doch egal. Ich kann ausgehen und sexuell oder in jeder anderen Hinsicht Spaß haben, denn am Ende des Tages kann ich sozusagen einfach den Bleistift umdrehen und Jesus wird mir vergeben.« Nein! Es heißt, *falls* wir sündigen.

Und so sagt Johannes: *»Wer mit ihm verbunden ist und in ihm bleibt, sündigt nicht«* (1.Jo 3,6 – NGÜ). Das ist wichtig.

Johannes bringt dieses Thema in 1. Johannes 3,17 zu Ende: *»Wer aber irdischen Besitz hat und sieht seinen Bruder Mangel leiden und verschließt sein Herz vor ihm, wie bleibt die Liebe Gottes in ihm?«* Interessant, oder? Mit anderen Worten: Wenn Sie Nöte sehen und Sie haben die Möglichkeiten, diesen Nöten zu begegnen, doch Sie weigern sich, sich um die Nöte Ihres Bruders, Ihrer Schwester usw. zu kümmern, wie kann dann die Liebe Gottes in Ihnen bleiben? Wie können Sie diese andauernde Beziehung haben? Gott, der allen Reichtum dieser Welt hatte, wurde um unseretwillen arm und gab großzügig, wenn er Nöte sah. Folglich müssen wir, wenn wir in ihm bleiben, ihn erkennen, in Intimität mit ihm leben und so wandeln wollen, wie er wandelte, das praktizieren, was er praktiziert hat.

Schlussendlich verkündet Johannes: *»Und wer seine Gebote hält, bleibt in ihm und er in ihm; und hieran erkennen wir, dass er in uns* *bleibt; durch den Geist, den er uns gegeben hat«* (1.Jo 3,24). Der, der seine Gebote hält, bleibt in ihm. Dies sind also einige der Einsichten, die Johannes bezüglich der lebenswichtigen Wahrheit des »In-ihm-Bleibens« weitergibt.

JESUS BETONTE DIE WICHTIGKEIT DER INTIMITÄT MIT GOTT

Eine weitere bedeutsame Erklärung dieser Intimität wurde sichtbar, als Jesus die zwölf Jünger berief. Die Bibel sagt: *»... und er berief zwölf, damit sie bei ihm seien und damit er sie aussende, zu predigen ...«* (Mk 3,14). Ein Freund von mir sagt immer: »Du hast kein Recht dazu, rauszugehen und zu predigen, es sei denn, du hast Zeit *mit ihm* verbracht«. Das bedeutet, wenn wir effektiv dienen wollen, dann ist die Intimität mit Jesus grundlegend dafür. Jesus hat diese zwölf Männer nicht einfach nur berufen, um sie dann zum Dienen loszuschicken. Sie mussten zunächst einmal »mit ihm« sein. Dies ist der Schlüssel zum gesalbten Predigen – dies ist der Schlüssel für das christliche Leben.

Ich stehe tief in der Schuld zweier Männer, die einen großen Einfluss auf mein Leben ausgeübt haben. Der eine ist mein Vater, der ein wahrer Mann des Gebets war. Vor Kurzem hat mich einmal jemand gefragt: »Welche der Lehren, die dein Vater dir hinterlassen hat, ist dir am wichtigsten?«. Und ich musste ihm antworten: »Ich glaube, es gibt keine bestimmte Lehre, die mein Vater mir hinterlassen hat, außer einem Leben, das von Gottesfurcht geprägt war. Es gibt keine bestimmte Botschaft, keine kleine Redewendung, die mich am meisten geprägt hätte. Es war vielmehr das Beobachten seines Lebens über die Jahre hinweg, das den größten Eindruck auf mich gemacht hat.« Eines der Dinge, die ich meinen Vater täglich tun sah, war beten, manchmal vier, fünf oder sechs Stunden am Tag. Er starb im Alter von 87 Jahren, aber selbst mit 87 Jahren noch stand er durchweg jede Nacht für zwei Stunden auf, um zu beten. Die meisten Menschen in diesem Alter sind in Rente und verspüren kaum noch, wenn überhaupt, den Wunsch zu beten.

Der andere Mann, der auch einen großen Einfluss auf mein Leben hatte, ist ein Mann namens Peter Morrow. Er ist mittlerweile beim Herrn – ein wunderbarer Mann Gottes. Ich hatte das Privileg, 15 Jahre gemeinsam mit ihm in Christchurch, Neuseeland zu arbeiten. Peter verbrachte die meiste Zeit in einem Raum, kaum größer als ein Schrank am Ende seines Schlafzimmers, in dem er fastete und betete.

Die Gemeinde, in der Peter Pastor war, wuchs beständig zu einer der größten Gemeinden in Neuseeland mit ca. 1.500 Gottesdienstbesuchern heran. Peter arbeitete lieber von seinem schrankähnlichen Raum aus als in der Gemeinde. Er war neben den Treffen selten im Gemeindegebäude zu finden.

Eine Sache, mit der ich immer rechnen konnte, war, dass spätestens alle paar Monate mein Telefon klingeln und das Sekretariat der Gemeinde sagen würde: »Peter ist am Telefon«. Wenn ich dann das Telefon zur Hand nahm, sagte Bruder Peter: »David, ich bin diesen Nachmittag in der Stadt. Wie wäre es, wenn wir zusammen einen Milchshake trinken gehen würden?«

Alle sechs, die im Pastorenteam waren, wussten ganz genau, was es bedeutete, einen Milchshake mit Peter trinken zu gehen. Es bedeutete, dass wir loszogen, um ein kleines Café aufzusuchen, dass wir uns in die Ecke setzten und Peter dann anfing, mir Fragen darüber zu stellen, wie es mir geht und was ich mache. Es war die Art pastoralen Verhörs, die von dem Wunsch getrieben war zu sehen, wie andere in ihrem Dienst und ihrer Berufung über sich selbst hinauswuchsen. Er stellte mir auch immer Fragen über meine Ehe: »Wie geht es dir und Nancy?«. Und wenn ich dann so etwas daher sagte, dann wusste er es immer ganz genau und sagte: »Komm schon, sieh mich an, wie geht es euch beiden wirklich?«. Er war wirklich gut darin, die Informationen ans Licht zu bringen, aber er tat das in solch einer liebevollen Art und Weise, dass man einfach nichts zurückhalten konnte.

Nur selten verbrachte ich diese besondere Zeit mit Peter, ohne dass er mir Fragen bezüglich meiner Gebetszeit stellte. Wiederholt sagte er über die Jahre zu mir: »David, ich möchte nicht, dass du ins Büro kommst, bis ich weiß, dass du mindestens eine Stunde auf deinem Angesicht vor Gott verbracht hast«. Für ihn war es egal, ob ich irgendwann in der Mittagszeit kam; es war auch egal, ob ich den ganzen Tag weg blieb – nicht, dass ich das jemals getan hätte –, solange er sichergehen konnte, dass ich in der Gegenwart Gottes war. Er verstand folgendes grundlegende Prinzip: »Du musst mit ihm zusammen sein, bevor du losgehen und predigen kannst«. In Peters Augen war Gebet die wichtigste Priorität im Dienst. Er wusste, dass jeder effektive Dienst mit Gebet begann.

Diese Zeiten habe ich nie vergessen. Sie haben in mir einen Hunger und eine Disziplin wachgerufen, die ich durch die Gnade Gottes bis heute beibehalten konnte. Nur selten geht ein Tag vorüber, an dem ich nicht meine Stunde mit Gott allein hatte. Dafür stehe ich tief in Peter Morrows Schuld. In der Zeit, als ich Pastor war, war ich jeden Tag um acht Uhr morgens im Büro, meistens sogar fünf oder zehn Minuten früher. Ich schlüpfte in mein Büro und verhängte dort sogleich das Fenster in meiner Bürotür (das gab es wegen des »Anstandes« bei der Seelsorge); dann schloss ich meine Tür und ließ die Gemeindesekretärin wissen, dass ich mindestens bis neun Uhr nicht gestört werden wollte. Somit lag ich jeden einzelnen Morgen ohne Ausnahmen zwischen acht und neun Uhr vor Gott auf meinem Angesicht und begann damit meinen Tag.

Intimität mit Gott ist zwingend erforderlich. In Jeremia 9,22 heißt es: »*Der Weise rühme sich nicht seiner Weisheit, und der Starke rühme sich nicht seiner Stärke, der Reiche rühme sich nicht seines Reichtums ...*«. Und im nächsten Vers heißt es dann sinngemäß weiter, dass, wenn Sie sich irgendeiner Tatsache rühmen, dann der, dass Sie den Herrn kennen und verstehen. Es gibt nur eine einzige Sache, die es wert ist, dass man sich ihrer rühmt, und das ist nicht die Größe Ihres Bankkontos, nicht Ihre Position oder Ihr Rang in dieser Welt. Rühmen Sie sich nur einer einzigen Sache und zwar Ihrer Beziehung mit Gott. (Verstehen Sie mich nicht falsch, ich meine damit nicht, dass Sie anderen Christen das Gefühl geben sollen, dass Ihre Beziehung zu Gott besser sei als ihre. Das meine ich nicht mit »rühmen«. Ich möchte nur ausdrücken, dass das einzig Wertvolle, was wir besitzen, unsere Beziehung zu Gott ist.) Der einzige Weg, um eine Beziehung mit jemandem zu bauen, ist, Zeit mit dieser Person zu verbringen.

Nehmen Sie wahllos drei oder vier Personen, schließen Sie sie für 24 Stunden gemeinsam in einen Raum ein und entziehen Sie ihnen jede Möglichkeit, mit der Außenwelt zu kommunizieren. Ich garantiere Ihnen, dass jeder nach Ablauf dieser 24 Stunden in der Lage sein wird, die jeweils anderen vorzustellen und Ihnen zu erzählen, wo sie aufgewachsen sind, wann und ob sie verheiratet sind, Kinder haben, in welchem Job sie arbeiten, welches Essen sie mögen usw. usw. Weil sie nämlich in den 24 Stunden nichts anderes getan haben als zu reden, reden, reden, reden.

Erhöhen Sie das auf 48 Stunden, eine Woche oder setzen Sie sie für zwei Monate auf irgendeiner einsamen Insel ab, und Sie können sich sicher sein: Je mehr Zeit sie miteinander verbracht haben, desto näher werden sie sich gekommen sein, weil sie die ganze Zeit nicht viel mehr zu tun haben, als zu kommunizieren. Der einzige Weg, um Gott jemals kennenzulernen, ist, Zeit in seiner Gegenwart, Zeit mit seinem Wort zu verbringen und anzufangen, nachzusinnen, zu meditieren und Gott mit Ihrem ganzen Herzen zu suchen. Es gibt keinen anderen Weg, keine Abkürzung. Es wäre verlockend, wenn es sie gäbe, aber es gibt sie nicht.

In dem Buch Daniel heißt es: *»... das Volk, das seinen Gott kennt, wird sich stark erweisen und entsprechend handeln«* (Dan 11,32 – in der New King James Version heißt es: *»und werden große Taten vollbringen«*) – die, die ihren Gott *kennen.*

Ich wundere mich, warum wir keine großen Taten sehen. Ehrlich gesagt glaube ich, wir kennen Gott nicht. Vor Kurzem habe ich mit einem Freund darüber gesprochen, dass wir wirklich einen Durchbruch im Bereich der Heilung brauchen. Wir müssen irgendwelche Taten sehen; wir müssen sehen, wie Männer und Frauen von Gebundenheiten, Ängsten, Leiden und Krankheiten freigesetzt werden. Warum sehen wir das dann nicht? – Vielleicht lässt es sich darauf zurückführen: Wir kennen Gott nicht in der Art und Weise, wie wir es sollten. Ich glaube, wenn wir Gott kennen würden, würden wir die Taten sehen, nach denen wir uns sehnen.

In 1. Samuel 2,12 werden uns die Leiter des Volkes Israel zu der Zeit vorgestellt, in der Samuel noch ein kleiner Junge war, und es heißt dort über die Leiter: *»Und die Söhne Elis waren ruchlose Männer, sie hatten den HERRN nicht* ***erkannt****«*. Welch eine Tragödie. Dort sind zwei Männer, Priester, abgesondert für den Dienst, zwei der wichtigsten Leiter der Nation Israel – sie *sollten* eigentlich die geistlichen Leiter Israels sein – aber die Bibel sagt ganz, ganz deutlich, dass sie ruchlose Männer waren. Sie kannten den Herrn nicht.

Wie können Sie ein Priester sein, ohne Gott zu kennen? Und doch war es so. Wenn Sie sich anschauen, was sie taten, wird deutlich, dass sie Gott nicht kannten. Sie missbrauchten ihre geistliche Autorität. Sie waren verwickelt in Unmoral, Geldgier und weitere gottlose Gesinnungen und Handlugen – aus diesem Grund nennt die Bibel sie »ruchlos« oder »wertlos«.

Um nicht auch »wertlos« zu werden, müssen wir Gott bitten: »Herr, lege ein Verlangen, einen Hunger in mich hinein, dich zu kennen«. Paulus sagte am Ende seines Lebens: *»... ihn ... zu erkennen ...«* (Phil 3,10). Paulus war in den dritten Himmel hinaufgehoben worden; er hatte viele Offenbarungen, von denen wir keine Ahnung haben, weil es ihm nicht erlaubt worden ist, sie weiterzugeben, und trotz alldem, obwohl er alle Arten von Zeichen und Wundern usw. erlebt hatte, war sein tiefes Verlangen noch immer, *»ihn ... zu erkennen«*. Dies war ein lebenslanger Entschluss, den Paulus hatte. Er war nie völlig zufriedengestellt; es hungerte ihn nach mehr und mehr von Gott. Gott ist so gewaltig, dass wir niemals die Ressourcen des Ihn-Kennenlernens ausschöpfen. Deshalb kommen wir und suchen ihn täglich, um ihn zu erkennen.

Auch Mose hatte das gleiche intensive Verlangen. In 2. Mose 33,13 sagte er: *»... lass mich doch deine Wege erkennen,* ***sodass ich dich erkenne*** *...«*. Hier begegnen wir Mose, der alle Arten von Wundern gesehen hat. Er hatte gesehen, wie sich der Nil auf seinen Befehl in Blut verwandelte und all die anderen Plagen. Er hatte gesehen, wie die Erstgeburt der Ägypter und später dann die ganze Armee im Roten Meer zerstört worden waren, ganz zu schweigen von der spektakulären Teilung des Roten Meeres. All diese Dinge hatte er gesehen, und trotzdem hungerte es ihn noch immer danach, Gott mehr und mehr zu (er)kennen.

Es kommt nicht darauf an, was Sie in der Vergangenheit gesehen oder erlebt haben; es ist vielmehr das tiefe Verlangen:

»Herr, ich möchte mehr und mehr und mehr von dir«. Und wenn Sie das nicht haben, werden Sie schlussendlich die Salbung nicht erhalten.

Im ersten Brief von Paulus an Timotheus schreibt er: *»Habe acht auf dich selbst und auf die Lehre; beharre in diesen Dingen! Denn wenn du dies tust, so wirst du sowohl dich selbst retten als auch die, die dich hören«* (1. Tim 4,16). Paulus sagt nicht zu Timotheus: »Hör zu, spiel ein bisschen Golf, sieh zu, dass du Zeit für deinen täglichen Mittagsschlaf findest ...«. Nein, sondern er spricht davon, dass Timotheus geistlich gesehen auf sich achten soll. Paulus sagt: »Timotheus, achte auf dein eigenes geistliches Wohlergehen, denn wenn du das nicht tust, wird schlussendlich die Gemeinde darunter leiden. Aber wenn du das tust, dann wirst du die Rettung für dich und diejenigen, die dir zuhören, sicherstellen«. Paulus' letztendliche Besorgnis gilt dem Wohlergehen der Herde.

Dasselbe stellt Paulus auch fest, als er in Apostelgeschichte 20,28 zu den Ältesten in Ephesus spricht: *»Habt acht auf euch selbst und auf die ganze Herde, in welcher der Heilige Geist euch als Aufseher eingesetzt hat«*. Bemerken Sie, er erwähnt die Ältesten zuerst: *»Habt acht [zuallererst] auf euch selbst«*. Er warnt sie vor Dingen, die passieren werden. Wir müssen auf unser eigenes Leben acht haben, um die Herde Gottes beschützen zu können. Dieses Prinzip gilt immer noch für jeden Einzelnen von uns.

Eine der ersten Entscheidungen, die die frühe Gemeinde treffen musste, als sie anfing zu wachsen, betraf die Nöte der Witwen. Die Apostel verwandten viele, viele Stunden darauf, Essen zuzubereiten und zu servieren. Sie versuchten, auf die wachsenden Nöte der Witwen einzugehen, aber sie realisierten bald, dass sie zwei äußerst wichtige Dinge vernachlässigten: Gottes Wort und das Gebet. Aus diesem Grund ernannten sie Diakone, die diesen bestimmten Bereich des Dienstes übernahmen, sich um die Witwen kümmerten und sagten: *»Wir aber werden im Gebet und im Dienst des Wortes verharren«* (Apg 6,4).

DIE WERKZEUGE FÜR INTIMITÄT: DAS WORT GOTTES UND GEBET

Wir können die folgenden zwei absolut zentralen Funktionen des christlichen Lebens nicht vernachlässigen: Das Wort Gottes und das Gebet. Es ist das Wort Gottes, das uns weise macht zur Rettung; es ist das Wort Gottes, das uns wachsen und reifen lässt. Sehnen Sie sich als neugeborener Säugling nach der echten Milch des Wortes, damit Sie wachsen. Ohne das Wort Gottes werden wir geistlich gesehen nicht wachsen und, ohne in die Gemeinschaft und Intimität mit Gott zu kommen, werden wir uns beziehungsmäßig nie entwickeln.

Vor etwa eineinhalb Jahren bin ich von einem älteren Mann in den Siebzigern zu einem Flughafen in Michigan gefahren worden. Der Seniorpastor der Gemeinde, in der ich an dem Wochenende gedient hatte, hatte ihn aus dem Ruhestand geholt und ihm die Verantwortung für die Seelsorge übertragen. Als wir uns unterhielten, machte er die Aussage, dass er noch keinem Pastor seelsorgerlich beistehen musste, der in sexueller Sünde verstrickt war und daneben sein persönliches Gebetsleben aufrechterhalten hätte. Das bedeutet, dass das »Problem« schon lange vor der eigentlichen Krise beginnt, bedingt durch die fehlende Ernährung mit dem Wort Gottes und der Vernachlässigung der täglichen Zeit in seiner Gegenwart.

Ich glaube, es war Dr. Martyn Lloyd-Jones, der sagte: »Gutes Predigen eliminiert die Notwendigkeit der Seelsorge«. Ich weiß zwar nicht, ob ich dieser Aussage zu hundert Prozent zustimme, aber ich glaube, dass in ihr ein großer Anteil Wahrheit steckt.

Wenn wir uns selbst auf das Wort Gottes einlassen, macht uns das *»weise ... zur Rettung«*, es gibt uns Einsicht und Verständnis und lehrt uns, das Leben zu meistern, mit Problemen im Leben umzugehen usw. Wenn wir das Wort Gottes vernachlässigen, dann tun wir das auf unsere eigene Gefahr hin. Ich möchte hier in keiner Weise gesetzlich sein, aber ich glaube, dass wir das Wort Gottes gerne zu uns nehmen werden, wenn wir geistlich gesund sind.

Der einzige Grund, weshalb ein Säugling *nicht* an die Brust gewöhnt werden kann, ist, wenn er irgendeine Krankheit hat. Ein Säugling ist natürlicherweise hungrig und *möchte* gefüttert werden. In derselben Art und Weise sollten wir das Leben Gottes in unser Leben aufnehmen wollen; wenn nicht, dann läuft etwas in unserem christlichen Leben ernsthaft schief. Warum sehne ich mich nicht nach der echten Milch des Wortes?

Wiederum, ich versuche dies zu betonen, weil es der Schlüssel zu geistlichem Wachstum, der Schlüssel zur Erhaltung der Salbung, der Schlüssel zu Langlebigkeit im christlichen Leben ist. Es stellt sicher, dass Sie nicht schiffbrüchig werden oder irgendwo auf dem Weg versanden.

WAHRE LIEBE NIMMT SICH ZEIT

Viele Christen scheinen eine gesetzliche Beziehung zu Gott und seinem Wort zu haben, die sich durch Gebundenheit ausdrückt. Die Liebesbeziehung ist eine Beziehung der Freiheit. Als meine Frau und ich die Bibelschule besuchten, waren wir eine kleine Klasse von nur etwa 35 Schülern. In unserem zweiten Jahr fingen wir eine Beziehung miteinander an, und Mensch, waren wir verliebt. Unser größtes Problem war, dass die Schule ihre Regeln extrem streng handhabte.

Ich war damals in meinen frühen Zwanzigern. Es war uns nur einmal im Monat, an unserem freien Tag, gestattet, den Campus zu verlassen. Das einzige Problem dabei war, dass man bis 22:30 Uhr wieder auf dem Campus zurück sein musste. Außerdem musste man, wenn man ein Mädchen ausführte oder als Frau mit einem Mann ausging, zum Büro des für die Männer Verantwortlichen gehen (oder zur Verantwortlichen für die Frauen). Vor diesem Büro gab es ein Buch. In dieses Buch musste man seinen Namen eintragen sowie den Namen der Person, mit der man ausgehen wollte und die Zeit der Rückkehr auf den Campus. War man bis 22:30 Uhr nicht wieder »zu Hause«, konnte man Minuspunkte oder schlechte Bewertungen erhalten, die sofort zu einem Ausschluss aus dem College führen konnten.

Wie Sie sich sicher vorstellen können, fanden meine Freundin und ich das sehr schwierig. Immerhin waren wir verliebt, wollten so lange wie möglich zusammenbleiben, und es schien viel zu schnell 22:30 Uhr zu sein. Wenn wir miteinander ausgingen, bedeutete das meistens, dass wir mit einem anderen Pärchen zusammen ausgingen, da nicht alle ein eigenes Auto besaßen. Eines Tages hatten wir eine brillante Offenbarung, von der ich überzeugt war, dass sie von Gott kam. Wir kamen zu dem Schluss, dass diese Regel nur festlegte, wann wir wieder zurück auf dem Campus sein mussten, nicht aber, wann wir ihn verlassen konnten. Diesem genialen Einfall folgend beschlossen wir, um 4:30 oder 5:00 Uhr aufzustehen und zu der Zeit, wo die anderen gerade einmal anfingen, sich zu rühren, waren wir schon einige Kilometer weit entfernt, genossen ein Frühstück in einem Restaurant und freuten uns über den langen Tag, der vor uns lag.

Wie Sie sich vorstellen können, waren wir, als es langsam auf 22:30 Uhr zuging, etwas geschafft und bereit, nach Hause zu gehen, nachdem der Tag für uns schon um 4:30 oder 5:00 Uhr begonnen hatte. Was ich aber damit sagen möchte ist, dass die Liebe immer einen Weg findet, um mit demjenigen zusammen zu sein, mit dem man zusammen sein möchte.

In der Schule gab es noch eine andere Regel: Und zwar musste man früh aufstehen, um seine Gebetszeit vor dem Frühstück um 8:00 Uhr zu haben. Für die Schlafräume der Männer und die der Frauen gab es bestimmte Personen, die sicherstellten, dass man früh genug wach war. Das Problem war aber, dass ich nicht in den Räumlichkeiten für die Studenten untergebracht war, sondern im Quartier der Mitarbeiter (obwohl ich offiziell nie Mitarbeiter war). Folglich wurde ich nicht überwacht und konnte ausschlafen. Ich musste nicht aufstehen, niemand wusste jemals, ob ich meine stille Zeit gemacht hatte oder nicht. Ich kämpfte damit, aufzustehen und stille Zeit zu machen, ganz besonders mitten im Winter, wenn es draußen eiskalt und das Bett schön warm war.

Sehen Sie, meine Beziehung zu Gott war damals nicht so, wie sie sein sollte. Meine Beziehung zu Gott beruhte auf einer gesetzlichen Verpflichtung. Ich hatte das Gefühl, dass das einfach etwas war, was ich tun musste, etwas, das mir auferlegt war. Es war ein Zwang, wenn Sie so wollen. Meine Beziehung zu meiner Freundin (meiner heutigen Frau) war dagegen eine Liebesbeziehung. Hätte sie vorgeschlagen, unsere Verabredung um 2:00 Uhr morgens zu beginnen, hätte ich kein Problem damit gehabt, aus dem Bett zu springen und loszugehen.

Wissen Sie, Gott möchte, dass wir eine Liebesbeziehung mit ihm führen. Wenn Sie eine Liebesbeziehung haben, macht das alles so viel einfacher. Wenn Sie etwas lieben, ist es keine Mühsal. Wenn Sie Golf lieben und jemand zu Ihnen sagt: »Lass uns Golf spielen gehen«, dann werden Sie alles liegen lassen, um Golf zu spielen. Oder nicht? Wenn Sie gerne shoppen gehen und jemand schlägt vor: »Lass uns shoppen gehen«, werden Sie nicht sagen:

»Och nö, muss das sein?«. Um Ihretwillen und seiner selbst willen hegt Gott den Wunsch, dass wir in eine Liebesbeziehung mit ihm hineinkommen. Er sehnt sich nach Intimität – und was ist mit Ihnen?

KAPITEL 3

AUTORITÄT

Charakteristisch für das Leben eines Heiligen ist der entschlossene Gehorsam, der keinen Schimmer von Autorität an sich hat. Wenn wir sagen: »Ich wurde in diese Position eingesetzt und muss Autorität ausüben«, wird Gott uns bald aus dieser Position entfernen. Wenn aber entschlossener Gehorsam Jesus gegenüber vorherrscht, dann ist es die Autorität Gottes, die durchkommt und andere Seelen gehorchen sofort.

– *Oswald Chambers*

Wir werden uns nun dem Gebiet der Autorität zuwenden. Abhängigkeit führt zu Intimität und aus der Intimität heraus entsteht Autorität. Lassen Sie mich das noch einmal wiederholen: Abhängigkeit, wenn wir sie richtig verstehen, wird uns zur Intimität führen und aus der Intimität fließt Autorität.

Ich kann mich an eine Frau erinnern, die vor einigen Jahren in einer meiner Konferenzen nach vorne kam. Sie war ziemlich ängstlich und ruhig und brachte eine andere Frau als moralische Unterstützung mit. Sie sagte: »Bruder Ravenhill, würden Sie bitte für mich beten, damit ich mutig und selbstsicher werde?«. Ich beantwortete ihre Bitte mit: »Nein, das werde ich nicht«. Ich sagte das in einer liebvollen und behutsamen Art und Weise und dann erklärte ich, warum. Ich sagte zu ihr: »Hören Sie, Gott hat Ihnen eine Gabe gegeben und Sie begreifen nicht, was für ein Geschenk das ist. Diese Gabe heißt ›Schwachheit‹, und solange wie Sie Ihre Schwachheit anerkennen, wird sie Sie zu Gott führen. Aber wenn ich nun für Sie bete und Sie auf einmal selbstsicher und mutig sind, werden Sie Gottes Hilfe nicht mehr brauchen.«

Zwei Tage später kam sie innerhalb dieser Konferenz zu mir, nahm mich an der Hand und sagte: »Bruder Ravenhill, vielen Dank. Niemand hat mir jemals gesagt, dass meine Schwachheit ein Geschenk ist. Aber jetzt verstehe ich das und kann aufrichtig sagen, dass sie mich zu Gott geführt hat.«

Abhängigkeit führt uns in die Intimität – oder sollte sie zumindest. Und aus der Intimität heraus entsteht dann die Autorität. Jesus sagte in Lukas 4,18: *»Der Geist des Herrn ist auf mir, weil er mich gesalbt hat, Armen gute Botschaft zu verkündigen ...«*. Wir können den Dienst nicht ohne die Salbung und Autorität tun, die aus völliger Abhängigkeit und Intimität entstehen. Wir brauchen den Geist Gottes, um effektiv zu funktionieren.

Betrachten Sie Jesus als das Modell des Sohnes, der selbst die Salbung des Geistes Gottes brauchte. Jesus war das Fleisch gewordene Wort Gottes und trotzdem war er ganz und gar von der Salbung des Geistes abhängig. In Apostelgeschichte 10,38 steht eine sehr schöne Zusammenfassung des Lebens Jesu: *»Jesus von Nazareth, wie Gott ihn mit Heiligem Geist und mit Kraft gesalbt hat, der umherging und wohltat und alle heilte, die von dem Teufel überwältigt waren, denn Gott war mit ihm«*.

Wir brauchen Gott mit uns. Die Bibel erzählt von der frühen Gemeinde und wie Gott mit ihnen gearbeitet hat. Was für eine wunderbare Aussage! Das ist es, was wir brauchen: Gott, der mit uns arbeitet. Wir brauchen die Kraft, die Autorität Gottes, aber sie entspringt aus der Beziehung, der Intimität. Die Bibel sagt: *»... sie erkannten ..., dass sie mit Jesus gewesen waren«* (Apg 4,13). Sie erkannten es. *Du hast Zeit mit ihm verbracht, das kann ich sehen. Du siehst aus wie er, sprichst wie er, gehst wie er und du handelst wie er.*

WERDEN SIE WIE IHR HERR

Jeder fährt heutzutage auf Jüngerschaft ab. Wir haben diese Lehre über das erhoben, was die Schrift lehrt. Die meisten Gemeinden lehren, dass man, nachdem man Christ geworden ist und es ernst mit Gott meint, ein Jünger wird. Tatsache ist, dass dies im Wort Gottes völlig umgekehrt ist. Im Neuen Testament gab es alle Arten von Jünger. Die Bibel spricht davon, dass die Pharisäer sagten: *»... wir aber sind Moses Jünger«* (Joh 9,28). Johannes der Täufer hatte Jünger, die Pharisäer hatten Jünger, Jesus hatte Jünger und er sagte: *»Es ist dem Jünger genug, dass er werde wie sein Lehrer«* (Mt 10,25).

Mit anderen Worten: Das Ziel der Jüngerschaft ist, sich an jemandem mit der Absicht auszurichten, so zu werden wie er. Heutzutage würden wir so jemanden einfach *Student von dem und dem* oder auch *Zweitbesetzung* nennen. Stellen Sie sich z. B. einmal vor, Sie sind musikalisch talentiert und spielen Violine. Einer Ihrer Lieblingsviolinisten bietet Ihnen die Gelegenheit an, Unterrichtsstunden bei ihm zu bekommen, und Sie hoffen, dass Sie eines Tages so gut spielen werden wie er. Jesus sagte: *»Es ist dem Jünger genug, dass er werde wie sein Lehrer«* (Mt 10,25). Anders gesagt ist ein Jünger einfach ein Student, dessen Wunsch es letztendlich ist, so zu sein wie sein Herr oder Tutor, jemand, der zu den Füßen eines anderen sitzt und so bedeutend werden möchte wie er.

Das einzige Ziel der Jüngerschaft ist es, so zu werden wie Ihr Herr. Die Bibel spricht in der Apostelgeschichte davon, dass die Jünger in Antiochia zum ersten Mal Christen genannt wurden. Was ist ein Christ? – Ein Christ ist ein Jünger, der an seinem Ziel, so zu sein wie Christus, angekommen ist. Verstehen Sie jetzt, wie wir das verdreht haben? Mit anderen Worten sagen sie: »Du bist wie Christus. Wir sehen, dass du Zeit mit Jesus verbracht hast. Du hast bei ihm studiert, du handelst wie er, gehst wie er, redest wie er, ganz klar, du bist ein Christ.« Sie fangen also nicht als Christ an und werden dann ein Jünger. Vielmehr fangen Sie nach dem Wort Gottes als Jünger an und werden ein Christ.

Nun, ich weiß, das bringt die Theologie vieler Menschen durcheinander, und ich weiß, woher sie kommen und was sie betonen wollen. Heutzutage ist das Wort *Christ* sehr verwässert worden, aber wie das Wort deutlich macht, war es eine unglaubliche Ehre, als Christ bezeichnet zu werden, als einer wie Christus.

SALBUNG UND AUTORITÄT

Göttliche Autorität ist absolut bindend. Ich lebe lange genug, um schon viele verschiedene Arten der Lehre, die die Aufmerksamkeit des Leibes Christi fesselten, mitbekommen zu haben: die Jüngerschaftsbewegung, Prunk, Reichtum, Befreiung, um nur einige zu nennen. Vor Jahren wurde besonderer Wert auf die »Gemeinderegierung« gelegt. Uns wurde beigebracht, dass der Grund dafür, dass wir keine Gemeinden nach dem Neuen Testament mit denselben Resultaten wie die des Neuen Testamentes haben, der ist, dass wir keine neutestamentliche Form der Gemeinderegierung haben. Diese Lehrer betonten die Notwendigkeit von mehreren Leitern und anderen Regierungsstrukturen.

Auch wenn ich glaube, dass in dem, was sie lehrten, ein Stück Wahrheit war, habe ich eines Tages beim Lesen des Alten Testamentes während meiner stillen Zeit etwas gelesen, was meine Sicht verändert hat. Ich las die Schriftstelle in 2. Mose 40, wo Gott zu Mose spricht. Zu dem Zeitpunkt waren schon viele Monate vergangen, seit Mose Gottes Modell für die Stiftshütte empfangen hatte und viele hatten daran gearbeitet, sodass die

Stiftshütte fast vollendet war. Zu dem Zeitpunkt sagte Gott zu Mose: »Ich möchte, dass du die Stiftshütte aufbaust«, und so begann der Prozess. Gott sagt in 2. Mose 40,2–7:

»Am Tag des ersten Monats, am Ersten des Monats, sollst du die Wohnung des Zeltes der Begegnung aufrichten. Und du sollst die Lade des Zeugnisses hineinstellen und die Lade mit dem Vorhang verdecken. Dann bringe den Tisch hinein und richte zu, was auf ihm zuzurichten ist! Auch den Leuchter bringe hinein und setze seine Lampen auf! Ferner stelle den goldenen Altar für das Räucherwerk vor die Lade des Zeugnisses, und hänge den Vorhang des Eingangs zur Wohnung auf! Den Brandopferaltar aber stelle vor den Eingang der Wohnung des Zeltes der Begegnung! Dann stelle das Becken zwischen das Zelt der Begegnung und den Altar und tu Wasser hinein!«

Es ist interessant, wie Gott hier vorgeht: Er beginnt mit dem Innersten und arbeitet sich nach außen vor. Am Ende, nachdem Mose wirklich alles beendet hatte, was Gott ihm gesagt hatte, als alles am richtigen Ort stand – das Becken, der bronzene Altar, der Räucheraltar und der Tisch für die Schaubrote am richtigen Ort standen, die Bundeslade im Allerheiligsten aufgestellt und der Vorhang aufgehängt worden waren –, war alles genau so, wie Gott es beabsichtigt hatte. Aber eines fehlte noch immer. Dasselbe kann auch über das Modell des Neuen Testamentes gesagt werden. Sie können eine Gemeinde ganz nach dem Modell des Neuen Testamentes haben mit jedem einzelnen Teil an seinem richtigen Ort und trotzdem fehlt noch immer etwas.

Was fehlte noch in der Stiftshütte des Alten Testamentes? Beachten Sie, was Gott sagte, nachdem alles genauestens vorbereitet und aufgebaut worden war:

»Darauf nimm das ***Salböl*** *und* ***salbe die Wohnung und alles, was darin ist,*** *und heilige dadurch sie und all ihre Geräte, damit sie heilig wird! Salbe auch den Brandopferaltar und all seine Geräte und heilige dadurch den Altar, damit der Altar hochheilig wird! Salbe das Becken und sein Gestell und heilige es dadurch! Dann lass Aaron und seine Söhne an den Eingang des Zeltes der Begegnung herantreten und wasche sie mit Wasser! Und bekleide* ***Aaron*** *mit den heiligen Kleidern,* ***salbe ihn*** *und heilige ihn dadurch, damit er mir den Priesterdienst ausübt! Auch* ***seine Söhne*** *sollst du herantreten lassen und sie mit den Leibröcken bekleiden. Und* ***du sollst sie salben,*** *wie du ihren Vater gesalbt hast, damit sie mir den Priesterdienst ausüben. Das soll geschehen, damit ihnen ihre Salbung zu einem ewigen Priesteramt sei, in all ihren Generationen« (2. Mo 40,9–15).*

Es hat also noch eine Sache gefehlt. Obwohl die Struktur vollkommen nach dem Muster Gottes aufgebaut worden war, hat noch die Salbung gefehlt – und dasselbe gilt auch heute für uns. Wir können unsere ganze Theologie perfekt beherrschen, alles kann richtig scheinen – wir haben sozusagen alles im Griff – und doch fehlt die Salbung des Heiligen Geistes. Eine der Lieblingsredewendungen meines Vaters war: »Es kann 30 °C sein und du bist noch immer gefroren«. Mit anderen Worten, Sie können Titel um Titel um Titel, Doktor um Doktor erwerben und noch immer kalt wie Eis sein, wenn Sie aufstehen, um zu predigen, weil keine Salbung, keine Autorität des Heiligen Geistes, der auf Ihnen ruht, vorhanden ist.

Wir brauchen diese Autorität, die nur Gott geben kann. Einige von Ihnen haben bestimmt schon von einer der größten Erweckungen gehört: der Erweckung in den Hebriden. (Die Hebriden, die ich meine, sind nicht die im pazifischen Ozean, sondern die vor der Westküste Schottlands.) In den späten 1940ern und frühen 1950ern erlebte diese kleine Inselgruppe ein mächtiges Wirken des Heiligen Geistes, eine der unverfälschtesten Erweckungen, die wir, zumindest in meiner Generation, gesehen haben. 75 % der Menschen, die gerettet wurden, bekehrten sich außerhalb der Mauern der Kirche.

Mit anderen Worten: Gott kam herab und tränkte die Gemeinde mit seiner Gegenwart. Menschen waren die ganze Nacht lang wach, um mit Gott ins Reine zu kommen. Menschen liefen auf der Straße entlang, wurden sich ihrer Sünden bewusst, fielen am Straßenrand auf die Knie und bekannten ihre Sünden. Sie waren keiner Predigt ausgesetzt, nur dem Heiligen Geist, der plötzlich diese Gegend überfiel. Der Erweckung waren die ernsten Gebete einiger junger Männer sowie zweier älterer Frauen vorangegangen. Ihr Schrei war es, dass Gott »den Himmel zerreißen und auf die Erde herabkommen würde«.

Die Leute erzählten, dass man fünf Jahre nach der Erweckung die Menschen, die von Gott abgefallen waren, an einer Hand abzählen konnte. Bars, Saloons und Tanzlokale wurden geschlossen. Die ganze Gesellschaft war aufgrund der Erweckung verändert worden.

Ein Mann, den Gott außerordentlich gebrauchte, war der presbyterianische Prediger mit Namen Duncan Campbell. Duncan Campbell war geradezu die Schlüsselfigur. Eines Nachts hatte er einen Traum, und in diesem Traum ging er in eine der kleinen Städte auf den Inseln. Als er in die Nähe der Stadt kam, bemerkte er eine große Menschenmenge, die jemandem zuhörte, der das Wort Gottes predigte. Als er näher kam, konnte er hören, wie das Wort Gottes verkündet wurde, aber er erkannte den Prediger nicht. Nach einer Weile dämmerte es ihm, dass dies kein gewöhnlicher Prediger war, sondern der Teufel.

Schlussendlich löste sich die Menschenmenge auf und in seinem Traum ging er auf den Teufel zu und sagte: »Du bist der Teufel, nicht wahr?«

»Ja, der bin ich«, antwortete dieser.

Dann fragte Duncan Campbell: »Wieso predigst du das Evangelium? Warum verkündigst du das Wort Gottes?«

Und der Teufel antwortete: »Duncan Campbell, weißt du denn nicht, dass es meine stärkste Waffe ist, das Wort Gottes ohne die Salbung des Geistes zu verkünden? Siehst du, der Buchstabe tötet, aber der Geist gibt Leben.«

Sie können ein stumpfes Messer nehmen und wenn Sie es lange genug über eine Ihrer Hände fahren, dann wird es Hornhaut verursachen. Die Stelle wird so fest werden, dass fast nichts durch sie hindurchschneiden kann. Und genau das tut das Wort Gottes ohne die Salbung des Geistes; es verursacht Hornhaut oder Verhärtungen im Leben der Männer und Frauen.

Ich bin mir sicher, dass in ganz Amerika ein Mangel an Salbung herrscht. Die Menschen sind dem Wort Gottes gegenüber verhärtet. Oh ja, sie kennen die großen Bibelgeschichten, sie kennen die Grundwahrheiten der Bibel. Aber in ihrem Leben hat keine Veränderung stattgefunden, weil das scharfe zweischneidige Schwert aufgrund des Mangels an Salbung nicht in der Lage ist, einzudringen und eine Überführung der Sünden zu bewirken. Nur wenn der Geist Gottes die Worte Gottes salbt und lebendig macht, kann eine Überführung stattfinden. Ohne den Geist Gottes können wir nicht funktionieren.

GOTTES BIBELSCHULE

Die Jünger Jesu haben die beste Bibelschule erlebt, die die Welt jemals gesehen hat, besser als jedes Seminar: drei Jahre mit dem Herrn Jesus, und zwar nicht sitzend und notizenmachend in einem Schulraum voll mit Schülern, sondern jeden einzelnen Tag im Außendienst. Sie beobachteten und lernten, wie man Dämonen austreibt, wie man Tote auferweckt, einen Aussätzigen reinigt und 5.000 Menschen speist. Erzählen Sie mir etwas über Bibelschulen! Es gibt keine bessere Bibelschule als die, die diese besondere Gruppe von zwölf Menschen erlebte. Sie aßen mit Jesus, schliefen in seiner Nähe, gingen neben ihm, redeten mit ihm und, wie Johannes sagt: »*... was wir gehört, was wir mit unseren Augen gesehen, was wir angeschaut und unsere Hände betastet haben vom Wort des Lebens... verkündigen [wir] euch ...*« (1.Jo 1,1–2).

Sie waren ständig bei ihm. Was für eine unglaubliche Schule! »Wenn du mich siehst«, sagte Jesus, »hast du den Vater gesehen« (s. Joh 14,9). Stellen Sie sich einmal vor, Sie wären drei Jahre sozusagen in der Gegenwart des Vaters gewesen und dann, am Ende dieser drei Jahre, anstatt ein Diplom zu erhalten, sagt Jesus zu Ihnen, Sie seien noch nicht so weit, um den Abschluss zu erhalten. Es gibt noch eine letzte Anforderung: »*... bleibt in der Stadt, bis ihr bekleidet werdet mit Kraft aus der Höhe!*« (Lk 24,49). Wenn also die zwölf Jünger die Ausstattung mit der Kraft aus der Höhe brauchten – wie viel mehr dann Sie und ich! Wir brauchen diese Kraft Gottes. Wir brauchen die Gegenwart Gottes in unserem Leben. Wir sind nicht in der Lage, ohne seine Autorität zu funktionieren.

Hebräer 1,9 spricht prophetisch von Jesus Christus. Es heißt dort: »*... du hast Gerechtigkeit geliebt und Gesetzlosigkeit gehasst; darum hat dich, Gott, dein Gott gesalbt mit Freudenöl vor deinen Gefährten*«. Ich glaube, dass einer der Schlüssel, um die Salbung zu bewahren, der ist, die Sünde zu hassen; dass wir lieben, was Gott liebt, und hassen, was Gott hasst.

ZION – DER ORT DER GEGENWART GOTTES

Im Buch Jesaja finden wir folgende interessante Stelle: »*Schau Zion an, die Stadt unserer Festversammlungen! Deine Augen werden Jerusalem sehen, eine sorgenfreie Wohnstätte, ein Zelt, das nicht wandern wird, dessen Pflöcke man ewig nicht herauszieht und von dessen Stricken keiner je zerreißen wird*«. Hier wird, glaube ich, von der Stiftshütte Davids gesprochen, und es geht weiter: »*Sondern – dort ist ein Mächtiger bei uns, der HERR – es ist ein Ort mit Flüssen, mit breiten Strömen; keine Ruderflotte fährt darauf, und kein mächtiges Schiff zieht darüber hin*« (Jes 33,20–21). Zion stellt Gottes ideale Absichten für sein Volk dar. Viele der Absichten Gottes im Alten Testament drehen sich um Zion. Es ist der Inbegriff dessen, was Gott sich für das Leben seines Volkes Israel gewünscht hat.

Zion war der Ort seiner Gegenwart, von Zion aus hat er sein Zepter ausgestreckt und gesagt: »*Herrsche inmitten deiner Feinde!*« (Ps 110,2). Zion war der Ort der gewaltigen Freude. Wie viele von Ihnen wissen, dass Zion eine der letzten Festungen war, die die Kinder Israels eingenommen haben, als sie in das Land kamen und es systematisch übernahmen? Davor hatten die Jebusiter Zion kontrolliert. Warum? – Weil es eine natürliche Festung war. In der Bibel heißt er »*der Berg Zion, im äußersten Norden*« (Ps 48,3). Mit anderen Worten: Er war zwar ein Teil Jerusalems, aber eine natürliche Festung. Es gab Steilhänge, die nach Zion führten, sodass die Jebusiter, die es kontrollierten, sehen konnten, wer kam, und diese natürlich vernichten konnten, weil sie im Vorteil waren – sie befanden sich auf der Spitze des Berges.

Vielleicht erinnern Sie sich, wie David und seine Männer die Jebusiter besiegten und David Zion für sich selbst beanspruchte. Dies ist »*die Stadt Davids*« (2. Sam 5,7). Sie wurde bekannt als Zion, der Ort, an dem Gott wohnte. Ich denke, dies war ein Ort, den Gott die ganze Zeit über geplant hatte. Als er die Kinder

Israels aus Ägypten herausführte, sagte Mose: »*Du wirst sie bringen und pflanzen auf den Berg deines Erbteils ...*« (2. Mo 15,17). Schon vom Beginn an hatte Gott Zion im Sinn. Etwas an Zion hat die ganzen Absichten Gottes repräsentiert.

DER FLUSS DER GEGENWART GOTTES

Die Bibel spricht davon, dass in Zion »*ein Ort mit Flüssen*« sein wird (Jes 33,21). Nun, wie viele von uns haben schon einmal einen Fluss oben auf einem Berg gesehen? Normalerweise stellen wir uns einen Fluss nicht oben auf einem Berg vor; Flüsse fließen unten im Tal. Aber beachten Sie, wie es hier heißt: »*Sondern – dort ist ein Mächtiger bei uns, der HERR – es ist ein Ort mit Flüssen, mit breiten Strömen ...*« (Jes 33,21). Mit anderen Worten: Dort, wo die Gegenwart Gottes ist, fließt ein konstanter Fluss des Lebens. Das findet man immer wieder durch das Wort Gottes hindurch.

Jede Stiftshütte Gottes hat einen Fluss. Es gibt ein faszinierendes kleines Buch von einem Mann namens Robert Govett. Govett sagt, dass die allererste Stiftshütte der Garten Eden gewesen sei. Wie Sie wissen, floss aus dem Garten Eden ein Fluss. In Hesekiel heißt es, von unterhalb des Thrones floss ein Fluss. Wenn Sie in die Offenbarung schauen, sehen Sie, dass auch dort ein Fluss aus der Gegenwart Gottes herausfließt. Govett stellt fest: »Als die Menschen das Becken machten, war es das Beste, was der Mensch produzieren konnte, denn im Gegensatz zu Gott ist der Mensch nicht in der Lage, einen Fluss hervorzubringen. Jede Stiftshütte, die Gott anfertigte, hatte einen Fluss, der aus ihr herausfloss.«

Genauso haben wir in Zion einen Fluss. Dieser Fluss ist natürlich Gottes Gegenwart: »*... dort ist ein Mächtiger bei uns, der HERR – es ist ein Ort mit Flüssen, mit breiten Strömen ...*«. Und dann heißt es weiter: *»... keine Ruderflotte fährt darauf, und kein mächtiges Schiff zieht darüber hin«* (Jes 33,21).

Das bedeutet, es gibt eine Einschränkung. Wenn wir in den Fluss Gottes, in die Gegenwart Gottes kommen, dann ist Folgendes verboten: Ruderboote und mächtige Schiffe. Dies waren die großen Schiffe mit den Galeerensklaven, wie man sie in *Ben Hur* sieht. Die Ruderboote und mächtigen Schiffe wurden durch menschliche Energie, menschliche Kraft, menschliches Vermögen, menschliche Fähigkeiten und durch Kompetenz angetrieben. Und Gott sagt: »wenn du in meiner Gegenwart bist, dann bedarf es keiner menschlichen Anstrengung«.

Wissen Sie, viele von uns, auch ich selbst, haben ein Stück Papier, ein Diplom, auf dem es heißt, dass wir die »Ruderschule« abgeschlossen haben. Mir wurde beigebracht, wie man Seelsorge macht, wie man predigt und wie man das Wort Gottes auslegt. Wir bringen den Menschen bei, »wie man ...«, aber Gott sagt: »Nicht in Zion!«.

Jesaja führt fort: *»Schlaff hängen deine Taue. Sie halten das Gestell ihres Mastes nicht fest, halten das Segel nicht ausgebreitet ...«* (Jes 33,23). Mit anderen Worten: Die Beschwerde scheint folgende zu sein: »Ihr seid gute Ruderer, aber ihr seid keine guten Segler«. Es gibt jede Menge Unterschiede zwischen einem Ruder- und einem Segelboot. Einer davon ist extrem harte Arbeit. Wie viele von Ihnen haben jemals ein Boot gerudert? Besonders wenn Sie so einen alten Kasten haben und nur der kleinste Hauch einer Brise vorhanden ist, ist es unglaublich, was für einen Kraftaufwand es benötigt, um das Ruderboot zu bewegen.

Wie viele von Ihnen waren denn jemals auf einem Segelboot? Sie setzen die Segel und außer einigen kleinen Korrekturen der Segel tut der Wind alles weitere für Sie. Ich glaube, eines der Dinge, die die Gemeinde braucht – und ich brauche das genauso sehr wie jeder andere –, ist zu lernen, wie man die Segel setzt.

Ich weiß nicht, wie es Ihnen geht, aber ich habe es satt zu rudern. Genau wie die Jünger, die zu Jesus sagten: »*... wir haben uns die ganze Nacht hindurch bemüht und nichts gefangen, aber auf dein Wort will ich die Netze hinablassen*« (Lk 5,5).

Können Sie sich vorstellen, dass ein professioneller Fischer den Rat eines Zimmermanns beim Fischen befolgt? »Herr, wir wissen, wie das geht. Wir machen das schon unser ganzes Leben lang. Wir wissen, dass da draußen gerade nichts zu holen ist. Sie beißen nicht an. Ich meine, wir haben es doch die ganze Nacht versucht, weißt du. Wir waren nicht nur ein paar Stunden da draußen, sondern die ganze Nacht lang.«

Er sagt: »Lasst es uns auf meine Weise machen«. Und wir müssen es auf seine Weise machen. Sehen Sie, es ist ermüdend, es auf die eigene Art zu machen. Die eigene Art des Beratens dauert ewig, aber wenn Gott Ihnen ein Wort der Erkenntnis gibt, dann verändert das auf einmal alles.

DAS ERLEBEN DES PROPHETISCHEN DIENSTES

In den letzten Jahren bin ich von einem wunderbaren Bruder aus England, der sich im prophetischen Dienst bewegt, stark herausgefordert worden. Er hat mir einige der erstaunlichsten Geschichten erzählt, die ich jemals über die Art, wie der Heilige Geist agiert und wie das geistliche Potential denen zugänglich ist, die wirklich auf ihn warten, gehört habe.

Er hat mir eine Geschichte erzählt, wie er von einer Gemeinde in England eingeladen wurde. Nach dem Sonntagsgottesdienst lud ihn der Pastor zum Mittagessen ein. Als er beim Haus des Pastors ankam, wurden ihm einige der Gemeindeältesten vorgestellt und auch eine junge Dame, die bald von der Gemeinde als Missionarin nach China ausgesandt werden sollte. Nach dem

Essen bat der Pastor ihn, für dieses junge Mädchen zu beten. Zunächst teilte sie ihnen aber ihre Vision für China mit und das, was sie hoffte, dort tun zu können. Anschließend war es Zeit zu beten. Der Mann beugte seinen Kopf, und sofort sprach der Herr ein klares Wort zu seinem Geist: »Sag ihr, dass ich Mamis und Papis hasse«. Dieser Mann hatte einen guten Sinn für Humor und dachte bei sich selbst: »Manchmal hasse ich diese Gabe. Warum kann ich nicht ein Lehrer sein?« Der Herr jedoch schärfte ihm diesen Gedanken ein: »Sag ihr, dass ich Mamis und Papis hasse«.

Er gab dann eine wertvolle Einsicht in das »prophetische« Gebiet. Er sagte: »Der Verstand empfängt Informationen, der Geist empfängt Offenbarung und der Verstand und der Geist stimmen nicht immer überein«. Die Bibel sagt: *»Ein natürlicher Mensch aber nimmt nicht an, was des Geistes Gottes ist, denn es ist ihm eine Torheit …«* (1. Kor 2,14). Und sein Verstand sagte ihm: »Das ist töricht. Es macht keinen Sinn. Warum sollte ich ihr sagen, dass du Mamis und Papis hasst? Gott, du hast doch Mamis und Papis gemacht. Ich verstehe nicht, was das bedeuten soll, aber es ist doch offensichtlich, dass du Mamis und Papis gemacht hast und ich werde mich nicht blamieren, indem ich sage, dass du Mamis und Papis hasst. Ich kann das nicht.« Sein Verstand konnte nicht fassen, was der Herr ihm sagte.

Er wollte dieses Wort nicht weitergeben, weil er es nicht verstand, und wartete die Zeit ab in der Hoffnung, dass der Herr davon ablassen und ihm ein anderes Wort geben würde. Doch der Pastor dachte, dass er sich nicht klar genug ausgedrückt hatte und sagte: »Wenn Gott dir ein Wort gibt, dann fühl dich frei, es mitzuteilen«.

Der Mann schaute die junge Dame an und sagte: »Gott hat mir eine Sache gesagt. Er möchte, dass du weißt, dass er Mamis und Papis hasst.« Plötzlich wich alle Farbe aus ihrem Gesicht, sie wurde kreideweiß und stützte sich auf ihn. Er betete und sie fiel auf dem Boden in sich zusammen. Nach einer Weile fingen sie an, mit ihr zu reden, und zum erstem Mal in ihrem Leben machte sie einige ganz tiefe Wunden offenbar und sagte: »Als ich ein kleines Mädchen war, wurde ich viele Jahre von meinem Großvater, zwei Onkels und einem Freund sexuell missbraucht. Wenn mein Großvater in den Raum kam, übernahm er immer die Führung und sagte zu mir: ›Wir werden Mamis und Papis spielen‹.«

Gott sagte: »Sag ihr, dass ich Mamis und Papis hasse«.

Auf einmal war sie fähig, all den Schmerz loszuwerden. Sie hatte ihn, die Scham und Verlegenheit, mit niemandem über das reden zu können, was sie durchgemacht hatte, mit sich herumgetragen, und dennoch gab es einen Ruf Gottes auf ihrem Leben. Hier war sie, wollte Gott dienen und trug doch in gewisser Hinsicht diese große Bürde mit sich. Auf einmal war sie frei.

Sie können den ganzen Tag lang gute Ratschläge erteilen und die ganze Nacht lang »rudern« und dabei nicht vom Fleck kommen. Aber nur ein Wort von Gott, und auf einmal war dieses Mädchen freigesetzt worden. Wir brauchen den Geist Gottes – oder nicht?

Dieser Mann erzählte noch eine Geschichte, wie er eines Tages in den Supermarkt ging, um Käse zu kaufen. Er ging zur Delikatessentheke, und während er näher kommt, sieht er eine Frau hinter der Theke und Gott spricht zu ihm: »Diese Frau kennt mich nicht. Aber letzte Nacht hat sie aus Verzweiflung zu einem Gott gebetet, von dem sie sich noch nicht einmal sicher ist, dass er existiert. Sie hat eine Tochter, die sie seit vier Jahren nicht mehr gesehen hat. Sie hatten einen Streit. Ihre Tochter hat das Zuhause verlassen und alles, was sie weiß, ist, dass ihre Tochter sich irgendwo in London befindet. Sie weiß nicht, ob sie lebt oder tot ist, Drogen verkauft oder in der Prostitution ist, und letzte Nacht ging sie auf ihre Knie und sagte: ›Gott, wenn es einen Gott gibt, dann bring meine Tochter zurück‹.«

Der Mann ging auf die Frau zu, und natürlich ist es ihre Aufgabe, die Kunden zu bedienen, so sagt sie: »Sir, kann ich Ihnen helfen?«

Er antwortete: »Ja, aber bevor Sie das tun, möchte ich Ihnen sagen, dass ich Christ bin. Das bedeutet Ihnen vielleicht nichts, aber Gott hat mir gesagt, dass Sie letzte Nacht zu einem Gott gebetet haben, von dem Sie noch nicht einmal sicher sind, dass er existiert, weil Sie eine Tochter haben, die Sie seit vier Jahren nicht gesehen haben.«

Sie begann zu weinen. Während er mit ihr sprach, gab Gott ihm noch ein weiteres Wort und so sagte er: »Hören Sie mal, diese Woche, am Mittwoch um zwei Uhr nachmittags wird Ihre Tochter Sie anrufen«. (Ich bin mir nicht sicher, ob das der genaue Wortlaut ist, aber ich weiß, dass er einen bestimmten Tag und Uhrzeit genannt hat, zu der ihre Tochter anrufen würde.)

Diese Frau war aufgrund der Kraft des prophetischen Wortes und dem Wort der Erkenntnis so berührt. »Letzen Endes«, dachte sie, »wie sollte irgendjemand wissen, was ich letzte Nacht in meinem eigenen Haus gemacht habe?« Nachdem sie ihre Arbeitszeit umorganisiert hatte, ging sie nach Hause, machte sich eine Tasse Tee, setzte sich auf ihr Sofa und wartete. Genau zu dem Zeitpunkt, den der Mann genannt hatte, klingelte das Telefon und am anderen Ende der Leitung war ihre Tochter aus London.

Seinen Worten zufolge sind beide, Mutter und Tochter, heute Teil des Königreiches Gottes. Beide wurden durch die Kraft Gottes verändert. Nachdem die Mutter ihrer Tochter erzählt hatte, was passiert war, nahm die Tochter Jesus an.

Dann erzählte die Tochter ihre Seite der Geschichte. Sie ging eine Straße in London hinunter und nahm nichts anderes als nur sich selbst wahr. Sie kam an einer Telefonzelle vorbei, und ganz spontan hatte sie das überwältigende Verlangen, ihre Mutter anzurufen. Also ging sie hinein, nahm den Hörer zur Hand und rief an. Offensichtlich kam der Heilige Geist genau zum richtigen Zeitpunkt über das Mädchen und legte den Wunsch in sie hinein, ihre Mutter zu kontaktieren.

Wie Sie sehen, können Sie den ganzen Tag lang rudern und wenig erreichen. Gott möchte seine Gegenwart freisetzen. »*... in den letzten Tagen, spricht Gott, dass ich von meinem Geist ausgießen werde auf alles Fleisch, und eure Söhne und eure Töchter werden weissagen, und eure jungen Männer werden Gesichte sehen, und eure Ältesten werden in Träumen Visionen haben ...*« (Apg 2,17). Wir brauchen dringend die Gegenwart Gottes, und wir müssen dem Wind des Geistes erlauben, unsere Segel zu füllen. Wir müssen lernen, wie man hört. Ich muss lernen, wie man hört, wie man mit dem Geist Gottes zusammenarbeitet.

LERNEN SIE, AUF DEN GEIST GOTTES ZU HÖREN

Der Geist Gottes spricht oft in der Form eines kleinen Samens. Als Jesus den Samen säte (Gleichnis des Sämanns), brachte ein Same 30-, 60- und 100-fach Frucht. Oft spricht Gott nur ein kleines Flüstern, gibt ein bisschen Samen, einfach etwas, das er in Ihren Geist sinken lässt, und wir müssen lernen, das zu kultivieren. Doch der natürliche Verstand rationalisiert oft alles, oder etwa nicht?

Wenn Gott es uns ermöglicht, uns im Prophetischen zu bewegen oder es zu erleben, kann das so kraftvoll sein. Ich könnte Ihnen eine Geschichte nach der anderen erzählen. Hier ist ein Beispiel aus meinem eigenen Leben:

Meine Frau und ich haben 1964 geheiratet. Nach unseren Flitterwochen sind wir nach New York City gefahren, um unseren

Dienst in der Zusammenarbeit mit David Wilkerson zu beginnen. Wir waren erst kurze Zeit dort gewesen, als mein Vater uns bat, zu einer kleinen Versammlung zu kommen, die in seinem Wohnzimmer stattfand. Er hatte einen ungewöhnlichen Mann getroffen, der im prophetischen Bereich sehr begabt war. Ich glaube, er reiste zu dem Zeitpunkt mit den »Full Gospel Businessmen« (»Geschäftsleute des vollen Evangeliums«).

Als wir in der Wohnung ankamen, waren dort noch einige andere »Teen Challenge«-Mitarbeiter, vielleicht 15 oder 20 von uns. Dieser Mann teilte das Wort Gottes mit uns und begann dann, vielen von uns zu dienen. Ich saß in der Ecke des Raumes, kniete mit meinem Kopf in den Händen vergraben und äußerte kein einziges Wort, aber tief in meinem Inneren schrie ich: »Gott, gib mir Weisheit«.

Ich habe zwei Brüder; der jüngere ist mittlerweile gestorben, aber damals lebte er noch. Sie waren beide extrem klug, hatten nur Einsen. Mein jüngerer Bruder hat einen Doktor gemacht, während ich mehr als nur einmal eine sechs mit nach Hause brachte.

Wie auch immer, ich schrie: »Gott, ich brauche Weisheit. Ich bin mit dem Heiligen Geist erfüllt, Herr, aber ich brauche Weisheit.« Nun, ich äußerte nichts davon hörbar. Ich bewegte noch nicht einmal meine Lippen. Es war nur ein tiefer Schrei. Innerhalb von etwa fünf Sekunden, in denen ich innerlich so betete, fühlte ich Hände auf meinem Kopf. Es war dieser Mann, und das erste, was er sagte, war: »Gott hat deinen Wunsch nach Weisheit gesehen; er wird sie dir geben«.

Ich zerbrach innerlich sofort in tausend Stücke und begann zu weinen. Er fuhr dann fort und sagte: »Ich sehe dich, wie du in ein Mikrofon sprichst. Gott wird dich vor Könige und Herrscher bringen.« Ich dachte: »Alles klar, der Typ liegt voll daneben«.

Wie ein befreundeter Pastor immer sagt: »Er mixt noch ein paar Hamburger-Zutaten dazu«. Wissen Sie, was das ist? Wenn Sie z. B. Ihren normalen Hamburger bekommen und das nicht genug ist, um satt zu werden, mixen Sie noch ein paar Zutaten mit rein, um ihn zu »verlängern«. Viele Menschen fügen beim Prophezeien noch ein paar Zutaten hinzu. Sie merken, dass die Prophetie zu Ende ist, aber dann machen sie einfach noch ein bisschen weiter.

»Also«, dachte ich, »jetzt haut er noch ein paar Hamburger-Zutaten dazu«.

Es erschien mir unmöglich, dass Gott mich vor Könige und Herrscher stellen würde. Der Mann fuhr fort: »Ich sehe gerade jetzt eine Vision von dir. Vor dir ist ein großes Feld und vor dir auf dem Gras sitzen buchstäblich hunderte und aberhunderte Menschen mit dunkler Haut. Diese Menschen haben eine dunkle Haut.«, wiederholte er.

Zwei Jahre später haben meine Frau und ich New York verlassen und sind nach Neuseeland gegangen. Wir waren bei Jugend mit einer Mission (JmeM) in ihrer Anfangszeit dort involviert, und ich war Teil des allerersten Einsatzteams auf den pazifischen Inseln. Beim zweiten Team haben wir uns mit einigen Teams aus Amerika zusammengetan und sind auf die Insel Tonga gereist. Tonga ist vermutlich eine der kleinsten Inselgruppen im pazifischen Ozean und sicherlich eines der kleinsten Königreiche dieser Welt.

Wir sind nur wenige Wochen vor dem Zeitpunkt der Krönung des Königs dort angekommen. Die Königin war gestorben und nun war es Zeit für die Krönung. Die methodistische Gemeinde dort hatte verschiedene Mitglieder des Teams gebeten, auf einer speziellen Zusammenkunft zu sprechen, die jede Woche stattfand. Die methodistische Gemeinde ist die nationale Kirche und bei ihnen war es üblich, jeden Würdenträger, der zu Besuch war, dazu einzuladen, auf ihren großen wöchentlichen Freiluftversammlungen zu sprechen.

Während der ersten beiden Wochen waren zwei Teammitglieder gebeten worden zu sprechen. Ich wurde gebeten, in der dritten Woche zu sprechen. Die dritte Woche war die Woche der Krönung des Königs und sie entschieden sich, den Veranstaltungsort auf ein Feld neben dem Königspalast zu verlegen. Wir reden hier nicht über einen Palast wie den Buckingham Palast oder so etwas oder einen von Saddam Husseins Palästen, wir reden über etwas, was Ähnlichkeit mit einem Herrenhaus im Süden mit einem Lattenzaun darum herum hat. Der »Palast« befand sich ein klein wenig außerhalb der Hauptstadt.

Ich stand auf, um zu predigen und hatte den Palast direkt hinter mir. Vor mir saßen buchstäblich hunderte und aberhunderte Tonganer mit dunkler Haut und gekreuzten Beinen auf dem Gras, genauso, wie es der Mann zwei Jahre zuvor mitten in New York beschrieben hatte. Nachdem ich fertig war, kamen einige der Kinder zu mir und den anderen JmeM-lern und sagten: »Stellt euch vor, stellt euch vor«.

Alle waren aufgeregt und ich sagte: »Was denn?«

Sie antworteten: »Der König stand hinter dir auf seiner Veranda und hat dir zugehört, als du gesprochen hast«.

Auf einmal erinnerte ich mich an das prophetische Wort und die Deutlichkeit war erstaunlich. Mir wurde bewusst, dass ich mich zu dem Zeitpunkt genau mitten im Willen Gottes befand, genau an diesem Ort. Denn zwei Jahre zuvor hatte Gott mir dieses Wort gegeben.

Wissen Sie, Gott ist in der Lage, erstaunliche Dinge zu tun, nicht wahr? Ich könnte Ihnen Beispiele ähnlicher Vorfälle wie diesem geben. Ich wurde schon immer tief, sehr tief von Menschen beeinflusst, die sich unter der wahren Salbung Gottes bewegten, die Ohren haben zu hören und bereit sind, im Glauben loszugehen, und das schafft all die Veränderung in der Welt.

Vor einigen Jahren habe ich eine Gemeinde von etwa 550 Leuten verlassen. Wir hatten 16 Morgen Land, wunderschöne Gebäude und eine Schule – alles, und ich habe es verlassen. Ich überreichte das Ganze einem anderen Mann, ohne Bedingungen, und habe den Schritt in den Reisedienst hinausgewagt. Was diesen Schritt vereinfachte war, dass ich einige prophetische Worte bekommen hatte und ein tiefes Gefühl für das, was Gott mit mir vorhatte.

Ich besuchte eine große Konferenz in Kansas, bei der ein Mann diente, der sich im prophetischen Dienst bewegte. Ich hatte gefastet und gebetet und den Herrn darum gebeten, mir eine letzte Bestätigung dafür zu geben, dass ich das Richtige tat. Aus einer Menschenmenge von 4.000 Personen rief der Mann mich und meine Frau heraus: »Würden David und Nancy Ravenhill bitte aufstehen?«. Und wir standen auf.

Er sagte kurz etwas über meinen Vater und erklärte der Menge, dass er uns beide kannte, uns aber etwa fünf Jahre lang nicht gesehen hatte. Dann sagte er: »David, ich habe ein richtungsweisendes Wort für dich. Gott wird deinen Reisedienst segnen.« Es brauchte nicht mehr als diesen kurzen Satz und ich wusste ganz genau, dass Gott wollte, dass ich umherreiste und die Gemeinde aufgab. Das tue ich heute – wieder einmal zum Teil aufgrund eines prophetischen Wortes. Es war ein Wort der Bestätigung.

STRECKEN SIE SICH ERNSTHAFT NACH DEN GEISTLICHEN GABEN AUS

Mein Vater sagte oft: »Psychiatrie und Psychologie sind der menschliche Ersatz für die Gaben des Geistes«. Du kannst zum

»Seelenklempner« gehen und dich auf seine Couch legen, während er versucht, deine Probleme zu enträtseln. »Erzähl mir hiervon« und »Erzähl mir davon« wird der sagen, in der Hoffnung, irgendwie den Schlüssel zu deinen Problemen zu finden.

Ein echtes Wort der Erkenntnis kann direkt an die Wurzel des Problems gehen. »Als du fünf Jahre alt warst, wurdest du von deinem Onkel sexuell belästigt.« *Bumm.* Es gibt keinen Ersatz für die Gaben des Geistes; sie sind »Werkzeuge des Bundes«. Wir müssen uns ernstlich nach den geistlichen Gaben sehnen, und ich meine ernstlich danach sehnen. Es gibt Zeiten in meinem Leben, in denen ich vor Gott komme und sage: »Gott, ich möchte nicht eines Tages vor dir stehen und dich sagen hören: ›Ich hatte viele Dinge, die ich dir sagen, viele Dinge, die ich dir geben wollte, aber du hast mich nie danach gefragt‹.«

Ich weiß, dass meine grundlegende Gabe die Lehre ist, aber ich möchte nicht dort stehen und den Herrn sagen hören: »David, ich hätte dir das hier alles auch noch geben können, aber du hast mich nie danach gefragt«. Ich möchte ihn lieber bitten und es nicht bekommen, als nicht zu bitten und dann herauszufinden, dass er es für mich hatte.

Wir müssen geistliche Gaben ernsthaft anstreben, nicht um berühmte Männer und Frauen Gottes zu werden, die mit dem Wort der Erkenntnis, Prophetie oder was auch immer agieren – nein, um des Leibes willen. Die Gaben sind immer für andere. Wenn ich die Gabe der Heilung habe, dann weil mein Bruder krank ist. Wenn ich ein Wort der Erkenntnis habe, dann habe ich es, weil meine Schwester ein Wort der Erkenntnis braucht. Wenn ich ein Wort der Weisheit habe, dann deshalb, weil jemand anderes ein Wort der Weisheit braucht. Es geschieht um des Leibes willen und der Leib leidet, weil wir die Gott gegebenen Werkzeuge nicht haben.

In 1. Korinther 12 haben wir diesen wunderbaren Abschnitt über die Gaben des Geistes. Aber ich möchte, dass Sie einmal darauf achten, wie Paulus das Kapitel beginnt: *»Was aber die geistlichen Gaben betrifft, Brüder, so will ich nicht, dass ihr ohne Kenntnis seid«* (1. Kor 12,1). Nun, es geht Paulus nicht darum, alle Fakten zu kennen; er sagt im Grunde: »Hört mal, ihr braucht das. Ich möchte nicht, dass ihr diesbezüglich unwissend seid.«

Paulus fährt fort: *»Ihr wisst, dass ihr, als ihr zu den Heiden gehörtet«* – mit anderen Worten: als ihr unerrettet wart, also in eurem früheren Leben –, *»zu den stummen Götzenbildern hingezogen, ja, fortgerissen wurdet. Deshalb tue ich euch kund, dass niemand, der im Geist Gottes redet, sagt: Fluch über Jesus! ...«* (1. Kor 12,2–3) usw.

Beachten Sie den Kontrast. Bevor sie Jesus annahmen, sagte er zu den Korinthern: »Ihr wart es gewohnt, in den Tempel zu gehen. Ihr wart in Götzendienst und eurem Heidentum gefangen.«, und er sagte: »Eines machte diese heidnischen Götter aus: Sie waren *stumm«* (im Englischen *dumb*). Heutzutage benutzen wir dasselbe Wort, um *dumm, nicht besonders helle bzw. intelligent* auszudrücken. Aber auf diese Bedeutung bezieht sich Paulus nicht. Er sagt zu den Korinthern: »Die größte Zeit eures Lebens habt ihr als Heiden einen Gott angebetet, der nicht *kommunizieren* konnte. Ihr seid mit einer Schüssel Reis oder anderen Opfern zu ihm gegangen in der Hoffnung, von eurem Gott zu *hören,* aber dennoch seid ihr weggegangen, ohne jemals ein Wort zu hören, weil ihr einen stummen Götzen angebetet habt.«

Im Alten Testament finden wir viele Beschreibungen von Götzen. Eine davon ist in den Psalmen, wo ein Götze in Form einer Vogelscheuche auf einem Gurkenfeld beschrieben wird, um die Vögel fernzuhalten (Jer 10,5). Sie ist angezogen, damit sie aussieht wie ein Mensch. *»Einen Mund haben sie,* ***reden*** *aber* *nicht. Augen haben sie, sehen aber nicht. Ohren haben sie, hören aber nicht«* (Ps 115,5–6).

Paulus zeigt hier einen Unterschied zwischen ihren früheren Göttern und dem lebendigen wahren Gott auf, dem sie jetzt dienen. Er stellt fest: *»Deshalb tue ich euch kund, dass niemand, der im Geist Gottes redet,* ***sagt:*** *…«* (1. Kor 12,3). Mit anderen Worten: Der Gott, den du jetzt anbetest, ist ein Gott, der *kommuniziert,* der *spricht,* im Gegensatz zu deinen alten Göttern, die nie zu dir gesprochen haben. Paulus offenbart der Gemeinde anschließend, dass Gott seine Kraft durch Heilung kommuniziert. Die Art und Weise, wie er seine Ermutigung kommuniziert, ist durch ein prophetisches Wort. Die Art und Weise, wie er seine Weisheit kommuniziert, ist durch ein Wort der Weisheit. Die Art und Weise, wie er seine Erkenntnis kommuniziert, ist durch ein Wort der Erkenntnis.

Er ist ein Gott, der sprechen möchte. Er möchte seine Liebe, sein Mitgefühl und seine Güte verkünden. Eine der großen Tragödien in der Gemeinde Jesu Christi heutzutage ist, dass wir einen *stummen* Gott haben. Es ist für die Gemeinde an der Zeit, die Tatsache wiederzuentdecken, dass es das Verlangen Gottes ist, zu seiner Gemeinde zu sprechen. Hauptsächlich spricht er durch sein Wort, aber nicht ausschließlich. Er spricht auch durch verschiedene Gaben des Heiligen Geistes.

In Johannes 7,37–38 heißt es: *»An dem letzten, dem großen Tag des Festes aber stand Jesus und rief und sprach: Wenn jemand dürstet, so komme er zu mir und trinke! Wer an mich glaubt, wie die Schrift gesagt hat, aus seinem Leibe [Innersten] werden Ströme lebendigen Wassers fließen.«* Ich weiß, dass dieser Vers jedem von uns bekannt ist, ganz so, wie er auch mir schon seit vielen, vielen Jahren bekannt ist.

Wenn ich umherreise, trage ich immer einen Minicomputer bei mir, und auf diesem Minicomputer habe ich die gesamte

Bibel, einschließlich der Strong's-Konkordanz. Eines Tages las ich genau diese Bibelstelle und markierte *»aus seinem Leibe [Innersten]«*. Wenn Sie die King James Version haben, dann ist dies dort übersetzt mit *»Bauch«*. Wenn Sie auf meinem Minicomputer ein Wort oder eine Stelle markieren, dann gibt er Ihnen das griechische Wort und die verschiedenen Bedeutungsmöglichkeiten. Dieses griechische Wort wird fast immer mit dem Wort *Schoß, Mutterleib, Gebärmutter* übersetzt. Denken Sie einmal darüber nach – was für ein faszinierender Vers!

Dieser Vers sagt im Grunde: »Wenn irgendein Mann unfruchtbar ist, wenn irgendein Mann durstig ist, dann lass ihn zu mir kommen und ich werde seinen Schoß öffnen und aus ihm werden Ströme des ... fließen.« – des was? – »... des lebendigen Wassers«.

Mit anderen Worten: Sie und ich sind geistlich gesehen unfruchtbar, bis der Heilige Geist unseren Schoß öffnet. Wir können nicht schwanger werden, wir können nicht gebären. Wir können in unserer eigenen Kraft und Energie nicht hervorbringen, was Gott durch uns hervorbringen möchte. Wir können den ganzen Tag rudern und erreichen nur wenig. Wenn der Heilige Geist jedoch Ihren Schoß öffnet, können Sie schwanger werden und gebären. Ich hatte das in den vierzig Jahren meines Dienstes nie zuvor bemerkt, aber Sie können es überprüfen, es ist das Wort *Schoß*.

Unfruchtbarkeit wurde in der Bibel immer als Fluch angesehen. Es war ein Stigma, das viele Frauen ertragen mussten. Rahel sagte: *»Gib mir Kinder! Und wenn nicht, dann sterbe ich«* (1. Mo 30,1). Sie konnte die Ablehnung aufgrund ihrer Unfähigkeit, schwanger zu werden, nicht ertragen. Alle Augen waren auf sie gerichtet, wenn sie durch die Stadt ging. Ohne Zweifel verhöhnten die Menschen sie und lachten sie aus, weil sie dachten, dass Gott einen Fluch auf sie gelegt hatte, weil er ihr keine Kinder schenkte. Und sie sagte: »Wenn du meinen Schoß nicht öffnest, werde ich sterben«. Auch wir werden sterben, wenn Gott nicht den Schoß der Gemeinde öffnet.

»Wenn jemand dürstet, so komme er zu mir und trinke!« (Joh 7,37). In Zion wohnt der Allmächtige, der für uns ein Ort der Flüsse sein wird – ein Leben spendender Fluss. Ich weiß nicht, wie es mit Ihnen ist, aber ich werde in diesen Tagen immer durstiger und durstiger, ganz besonders, wenn ich Männern und Frauen begegne, die sich im Übernatürlichen bewegt haben. Mir ist klar, dass Gott Gaben gibt, wie er will und ich weiß, dass wir nicht alle der gleiche Teil des Körpers sind; es gibt verschiedene Teile. Aber wir müssen eine neue Generation von Gläubigen sehen, die aufstehen und Gott keine Ruhe gönnen, bis sie eine frische Bewegung des Geistes sehen.

Paulus ermahnte die Gläubigen in Korinth, die wahre apostolische Kraft und Reinheit in der Gemeinde wiederherzustellen. Etwas muss sich ändern. Wir sehen, dass der Feind wie eine Flut hereinkommt, und die Gemeinde ist zu großen Teilen nicht in der Lage, etwas dagegen zu unternehmen. Wir brauchen Männer und Frauen, die in der vollen Autorität des Geistes Gottes wandeln. Dies war das Versprechen, das Jesus der Gemeinde hinterließ: *»Aber ihr werdet Kraft empfangen, wenn der Heilige Geist auf euch gekommen ist ...«* (Apg 1,8). Diese göttliche Autorität entspringt aus dem Kennen Gottes; sie entspringt aus der Zeit in seiner Gegenwart. Abhängigkeit führt zu Intimität und Intimität führt zu Autorität.

KAPITEL 4

BEHARRLICHKEIT

Beharren: stehen oder festgemacht sein; entschlossen weitergehen trotz Widerstand, Belästigung oder Warnung, hartnäckig, beständig, Ausdauer.

– Noah Webster, American Dictionary

Du magst leiden, du magst bluten, du magst zerbrechen, aber du sollst weitergehen.

– Catherine Booth-Clibborn

Wenn eine Tür hoffnungslos vor dir verschlossen scheint, wirst du unerschrocken gegen eine andere hämmern; wenn dein Weg nach Asien versperrt ist, dann wirst du sicher sein, dass in Amerika ein Posten für dich ist. Ein Posten für dich irgendwo, von dem du überzeugt bist, dass er da ist, und du wirst nicht ruhen, bis du ihn gefunden hast. Wenn du die Massen nicht von der Bühne aus erreichen kannst, wirst du dich auf der Straße um sie kümmern; wenn du nicht in der Lage bist, in großer Zahl zu ihnen zu sprechen, wirst du dich umso eifriger mit dem Einzelnen auseinandersetzen; kurz gesagt: ob im Zug oder Auto, an der Hintertür oder deinem Krankenzimmer, du wirst den Instinkt des Hirten spüren, dein Herz wird Mitgefühl zeigen und du wirst dich gedrungen fühlen zu dienen.

– Emma Booth-Tucker

Die Welt zu retten ist unser Begehren,
für die Feinde beten wir;
wir werden niemals ermüden, wir werden das Feuer aushalten,
und niemals, niemals weglaufen.

– William Pearson

»... Jesus, ... der um der vor ihm liegenden Freude willen ... das Kreuz erduldete ...« (Hebr 12,2). Wenn Jesus in allen Punkten genauso versucht war wie wir, dann bin ich sicher, gab es Zeiten, in denen er das Gefühl hatte, nicht mehr weitergehen zu können. Vermutlich hat er von frühester Kindheit an Gerüchte gehört, dass er »unehelich« war. Er hat vierzig Tage in der Wüste verbracht, versucht von niemand anderem als dem Teufel selbst. Er wurde von jenen, zu denen er gekommen war, um sie zu retten, verstoßen. Die Menschen verglichen ihn mit Beelzebul. Er wurde von den religiösen Menschen seiner Zeit verachtet und schlussendlich der entsetzlichsten Geißelung und Kreuzigung ausgesetzt, die wir uns überhaupt vorstellen können. Und trotzdem blieb er *»... fest, unerschütterlich, allezeit überreich in dem Werk des Herrn ...«* (1.Kor 15,58). Dies führt uns zu einem weiteren Schlüssel, um die Salbung zu bewahren: BEHARRLICHKEIT.

SCHAUEN SIE NICHT ZURÜCK

Mit Beharrlichkeit meine ich diese Hartnäckigkeit des Geistes, womit wir uns weigern aufzugeben, gleichgültig wie die Umstände sind, gleichgültig wie der Druck ist, von dem wir vielleicht umgeben sind. Wie Paulus sagte: *»Ich vergesse, was dahinten, strecke mich aber aus nach dem, was vorn ist ...«* (Phil 3,13). Jesus machte sein *»Gesicht hart wie Kieselstein«* (Jes 50,7). Nichts würde ihn abschrecken, nichts würde ihn ablenken. Er war entschlossen, den Weg zu vollenden, den Gott ihm vorgegeben hatte. Ich glaube, danach sucht Gott in unserem Leben, dieser Entschlossenheit, nicht abgelenkt zu werden, sondern immer weiterzugehen, die Hand an den Pflug zu legen und nicht zurückzuschauen (s. Lk 9,62).

So viele Menschen fangen gut an, aber hören nicht gut auf; und das ist eine der großen Tragödien heutzutage in der christlichen Welt. In dem zweiten Buch, das ich geschrieben habe, mit dem Titel *They Drank From the River and Died in the Wilderness (Sie tranken aus dem Fluss und starben in der Wüste)* habe ich die Geschichte der großen Befreiung der Israeliten aus Ägypten nacherzählt. Etwa eine Million Menschen sind aus Ägypten ausgezogen. Jeder Einzelne von ihnen hat gut angefangen, jeder Einzelne von ihnen hat den Lauf begonnen. Jedoch die »Ziellinie«, wenn man so will, war in Kanaan, und gerade einmal zwei haben es geschafft – keine gute Erfolgsquote. Zwei aus einer Million Menschen haben es bis über die Ziellinie geschafft. Selbst Mose hat es nicht geschafft und ist in der Wüste gestorben.

In 1. Korinther 9 und 10 erinnert Paulus an den großen Auszug der Israeliten. In Kapitel 9 stellt er die Illustration eines Laufes vor: »Wir alle laufen den Lauf«, und dann sagt er: *»Lauft so, dass ihr ihn erlangt!«* (1. Kor 9,24). Er fährt fort, indem er es persönlich macht: »Ich laufe in einer solchen Weise, dass ich gewinnen möge. Ich werfe meinen Körper hin und her, ich unterwerfe ihn. Ich kümmere mich darum, wenn mein Körper etwas tun möchte, von dem der Geist sagt, dass er es nicht tun darf« (s. 1. Kor 9,24–27). Er herrschte über das Verlangen des Fleisches. Und dann macht er direkt weiter in Kapitel 10. Im ursprünglichen Text gibt es natürlich keine Kapiteltrennungen, folglich führt er seine Illustration fort, indem er sagt: »Ich möchte nicht, dass ihr nicht wisst, dass all eure Väter den *Lauf begonnen haben*«.

Paulus sagt: »Sie haben begonnen«. Der Lauf begann in Ägypten, die Ziellinie lag im Land Kanaan, aber sie haben es nie dorthin geschafft. Sie starben in der Wüste. Warum starben sie? – Aufgrund von Unmoral, aufgrund von Murren und Ungehorsam und Unglaube gegenüber Gottes Wort usw. Paulus zählt all diese Gründe auf und sagt: *»Alles dies ... ist geschrieben worden zur Ermahnung für uns, über die das Ende der Zeitalter gekommen ist«* (1. Kor 10,11). Mit anderen Worten: »Dies ist sehr sachdienlich, sehr relevant für unsere Generation hier am Ende aller Tage«, und Paulus geht ganz an den Anfang zurück und wendet es auf uns an.

Wir leben in einer Zeit, in der der Feind sich aufgemacht hat, um das, was Gott in den Leben seiner Leute tut, zu sabotieren. Satan versucht Entmutigung, Zweifel, Ängste, Unsicherheiten und viele Dinge mehr in unser Leben zu bringen, damit wir den Lauf abbrechen, statt mit Gott weiterzugehen.

ERKENNEN SIE DIE LEBENSABSCHNITTE

Eines der Dinge, die uns dabei helfen werden, »den Lauf zu vollenden«, ist die Erkenntnis, dass das christliche Leben aus Abschnitten besteht. In 1. Mose kam Gott nach der Flut zu Noah und gab ihm ein Versprechen. Das Versprechen lautete, dass es, solange die Erde besteht, *»Saat und Ernte, Frost und Hitze, Sommer und Winter, Tag und Nacht«* (1. Mo 8,22) geben würde. Beachten Sie den Unterschied zwischen Saat und Ernte. Die Zeit des Säens ist eine Zeit, in der das Land trocken und öde ist; es muss gepflügt werden. Da ist kein Leben. Die harte, raue Erde muss gepflügt und bewirtschaftet werden. Dann kommt die Erntezeit mit all dem üppigen Obst und Getreide oder was auch immer Sie angepflanzt haben. Welch ein Gegensatz!

Sie haben »Frost und Hitze«, auch wieder ein Gegensatz. Es *»... sollen nicht aufhören ... Sommer und Winter, Tag und Nacht«* (1. Mo 8,22). Und natürlich sagt die Bibel: *»... zuerst ... das Natürliche, danach das Geistliche«* (1. Kor 15,46). Wir müssen verstehen, dass es im Leben eines Christen all diese verschiedenen Abschnitte gibt. Wenn wir das verstanden haben, hilft es uns und versetzt uns in die Lage, durch diese verschiedenen Abschnitte hindurchzugehen, ohne entmutigt oder niedergeschlagen zu sein.

Ich werde den ersten Abschluss, den wir in der »Brownsville Revival School of Ministry« hier in Pensacola, Florida hatten, nie vergessen. Die Schule hatte als Resultat der Erweckung begonnen. Ich glaube, im ersten Jahr waren es etwa 70–80 Schüler, nach drei Jahren war die Zahl auf 1.200 angestiegen. Ich hatte das Privileg, eine kurze Zeit lang an der Schule zu unterrichten. Bei dieser ersten Abschlusszeremonie saß ich gemeinsam mit den anderen »Professoren« auf dem Podium. Pastor John Kilpatrick, der Hauptpastor der Gemeinde hier in Brownsville, sprach zu den abgehenden Schülern.

Um seinen Punkt zu veranschaulichen, sagte Kilpatrick: »Ich möchte, dass ihr euch einen altmodischen Hafen vorstellt, und um diesen Hafen herum ist eine Mauer mit einer schmalen Öffnung, die es den Schiffen ermöglicht, hindurchzukommen. Dort, angebunden an dem Anlegesteg bzw. dem Anlegeplatz, ist ein Boot, ein altes Segelboot. Das Boot wird mit allen möglichen Lebensmitteln und Gütern beladen. Die Menschen beladen das Boot mit Kisten und Säcken voller Vorrat. Das Boot ist fast vollständig geladen, was enorme Begeisterung hervorruft, weil es viele neue Besatzungsmitglieder gibt, die auf ihre erste Seereise gehen. Sie waren zuvor noch nie auf See, deshalb sind sie so aufgeregt.« Pastor Kilpatrick fuhr fort: »Wenn du über den Hafen hinausschaust, dann ist alles still und ruhig, keine einzige Kräuselwelle auf dem Wasser. Es ist die Art Stimmung, die man auf Postkarten sieht.«

Nachdem er den Hafen beschrieben hatte, fuhr er fort: »So sehe ich euch Studenten. In den letzten zwei Jahren habt ihr Fracht an Bord gebracht. Ihr habt Männern und Frauen Gottes zugehört; ihr habt die Fülle des Wortes Gottes empfangen. Tag für Tag habt ihr euer Boot mit Fracht beladen, mit der Wahrheit des Wortes Gottes. Morgen werdet ihr eure Segel setzen und es herrscht große Aufregung. Manche von euch waren zuvor noch nie im Dienst. Manche von euch gehen auf das Missionsfeld, manche werden Pastoren in Gemeinden; manche gehen hinaus als Lobpreisleiter, andere als Jugendpastoren – und ihr könnt es gar nicht abwarten. Es ist fast Zeit für euer Schiff, die Segel zu setzen.«

Zu diesem Zeitpunkt hörten die Schüler aufmerksam zu. Er fuhr fort: »Der Morgen bricht an und das Boot ist bereit, um die Segel zu setzen. Langsam bewegt es sich aus dem Hafen hinaus. Es herrscht nur eine sanfte Brise, während das Schiff sich vom Anlegeplatz fort und auf den Eingang des Hafens zubewegt. Einmal auf dem offenen Meer angekommen, steuert das Boot auf sein schlussendliches Ziel zu.« Er machte einen Moment Pause, bevor er weitersprach: »Ich kann euch garantieren, dass die ruhigen, milden Umstände nicht lange anhalten werden. Ziemlich bald wird der Wind zunehmen, und früher oder später wirst du dich mitten im Sturm befinden. Die Hölle bricht um dich herum los und du fängst an, dich zu wundern, zu zweifeln: Hatte ich wirklich die Berufung zu einem Segler? Ist das wirklich alles, worum es im Dienst geht?«

Während ich ihm zuhörte, wie er diese Veranschaulichung weitergab, dachte ich: »Hier ist ein **bewährter** Mann Gottes«. Was bedeutet das? – Wenn wir über einen gut bewährten Mann oder eine gut bewährte Frau Gottes sprechen, dann beziehen wir uns auf einen Mann oder eine Frau, der durch verschiedene Nöte und Belastungen, Ablehnung, Anklagen und Leiden hindurchgegangen ist, aber in der Lage war, diesen Dingen durch die Gnade Gottes zu begegnen und siegreich daraus hervorzugehen, standhaft in seinem Glauben. Danach sucht Gott in unserem Leben.

VERACHTEN SIE NICHT DEN ABSCHNITT DES LEIDENS

Manchmal lesen wir von frühen Missionaren, die es Wochen oder Monate gekostet hat, bis sie auf ihrem »Feld« angekommen waren. Dann, dort angekommen, waren sie von der Außenwelt abgeschnitten – bis auf wenige Briefe, die ewig gebraucht haben, bis sie am Bestimmungsort ankamen. Diese Heiligen, die zu gut für diese Welt sind, erdulden Bedrängnis über alle Maßen. Viele begruben ihre kostbaren Kinder, die aufgrund der fehlenden medizinischen Möglichkeiten gestorben waren. Andere standen am Grab des Ehepartners und mussten dann einer einsamen Zukunft ohne Gefährten entgegensehen. Trotz all dieser unglaublich schweren Herausforderungen blieben sie in ihrem Entschluss standhaft, Gott mit ihrem ganzen Herzen zu dienen. Sie verstanden diese Dinge als Preis, den sie bereit waren zu zahlen. Ich bin mir sicher, dass sie sehr oft Trost aus der Anweisung von Paulus an Timotheus empfingen, wo er schrieb: *»Nimm teil an den Leiden als ein guter Streiter Christi Jesu!«* (2. Tim 2,3).

Heute leben wir in einer Gesellschaft, in der uns die geringsten Schwierigkeiten dazu veranlassen, umzudrehen und davonzulaufen. Wir werden so schnell aufgebracht und entmutigt; und erlauben dem Selbstmitleid, uns die Möglichkeit zu rauben, in dieser Situation zu Gott zu stehen.

Im Buch der Offenbarung wird uns die Braut Christi vorgestellt und es heißt, die Braut ist auch die Stadt – die Stadt, die vom Himmel herabkommt und zwölf Tore hat für die, die in »sie« hineingehen möchten. An den Toren ist besonders das Material interessant, aus denen sie gemacht sind. Sie sind nicht aus Gold, Bronze, Eisen oder Stahl. Sie sind nicht aus Diamanten oder Rubinen gefertigt, sondern aus einer einzigen Substanz: *Perlen.* Diese Tore sind aus Perlen gefertigt. Was ist eine Perle? – Eine Perle ist ein »überwundenes« Problem. Ich glaube, Gott wusste ganz genau, was er tat, als er Johannes dies offenbarte. Gott hat nicht einfach so per Zufall Perlen statt Eisen gewählt. Gott hat versucht, uns ein für alle Mal klar zu machen, dass die »Braut«, nach der er sucht, durch seine Gnade in der Lage ist, die wesentlichen Probleme des Lebens in etwas Wunderschönes und Wertvolles zu verwandeln.

Sehen Sie, Gott sucht nach einer Kompanie von Überwindern. Jesus Christus musste überwinden – all die Zurückweisung, all die Schmerzen, die Sorgen und Leiden zusammen mit den diabolischen Plänen des Teufels musste er persönlich überwinden. Und dennoch hat ihn nichts zurückschrecken lassen. Er hat sein Gesicht hart wie Kieselstein gemacht, um nach Jerusalem zu gehen und die Bahn zu vollenden, die Gott für ihn bestimmt hatte. Gott sucht nach Überwindern, die dem Beispiel seines Sohnes folgen.

Wenn Sie eine Perle nehmen und sie halbieren, werden Sie in der Mitte ein wenig Staub oder Sand finden. Bevor die Perle sich entwickelt hat, kam dieser kleine Reizstoff in die Austernschale und die Auster überwindet diesen, indem sie es mit einer Substanz umhüllt, die wir als Perle kennen. Wenn es einmal überwunden ist, wird dieses Reizmittel zu etwas sehr Wertgeschätztem und Gesuchten. Manche der größten Männer und Frauen Gottes sind solche, die gelitten haben. Wenn aber auf dieses Leid richtig reagiert wird, dann erzeugt es eine Tiefe des Charakters, die die Art und Schönheit Christi widerspiegelt.

Im Buch Jakobus wird uns gesagt: *»Haltet es für lauter Freude, meine Brüder, wenn ihr in mancherlei Versuchungen geratet, indem ihr erkennt, dass die Bewährung eures Glaubens Ausharren bewirkt. Das Ausharren aber soll ein vollkommenes Werk haben, damit ihr vollkommen und vollendet seid und in nichts Mangel habt«* (Jak 1,2–4). Reife entsteht, indem Sie das Wort Gottes durch seine Gnade auf die Situation, der Sie begegnen, anwenden.

Wenn ich mich recht erinnere, war es Bob Mumford, der vor vielen Jahren über seine eigene geistliche Entwicklung als junger Gläubiger berichtete. Er verglich seine Erfahrungen mit Psalm 23: *»Der HERR ist mein Hirte, mir wird nichts mangeln«* (V. 1). Er berichtete, wie er, als er errettet wurde, zunächst durch die »Mir wird nichts mangeln«-Phase ging. Er sagte: »Alles, was er tun musste, wenn er etwas brauchte, war mit den Fingern zu schnippen und Gott war da«. Ich glaube, zu dem Zeitpunkt war er auf der Bibelschule, und er hatte vergessen, einen Wecker zu kaufen, also sagte er ganz einfach: »Herr, ich brauche einen Wecker«, und innerhalb von einer halben Stunde klopfte jemand an seine Tür und fragte: »Bob, brauchst du einen Wecker? Ich habe zwei.«

Für Bob war das christliche Leben erstaunlich, Gott war so real. Aber dann, sagte er, musste er lernen, dass es beim Weg eines Christen mit Gott eine Entwicklung gibt. *»Er lagert mich auf grünen Auen, er führt mich zu stillen Wassern«* (V. 2). Was für eine Idylle! Wären wir nicht alle begeistert, dort zu bleiben? Das christliche Leben ist allerdings nicht frei von Nöten. Bob fuhr fort, indem er erklärte, wie er durch das *»Tal des Todesschattens«* (V. 4) gehen musste, um zu erkennen, dass der Herr ihn nicht verlassen hatte, sondern immer noch neben ihm herging. Schlussendlich teilte er uns mit, wie Gott *»einen Tisch angesichts meiner Feinde«* für ihn bereitet hatte (V. 5). Ja, es gibt Abschnitte im Leben eines Christen. Jeder Abschnitt ist von Gott bestimmt und zeigt uns seine Zulänglichkeit in jedem »Abschnitt der Seele«.

Es ist nicht immer nur »lagern an kühlen Wassern«, sondern auch »Schwierigkeiten, Prüfungen und Nöten begegnen«. Wir sehen das im Leben des Paulus. Wenn Sie über sein Leben lesen, erkennen Sie die unglaublichen Leiden, durch die er hindurchging: *»In Mühen umso mehr, in Gefängnissen umso mehr, in Schlägen* *übermäßig, in Todesgefahren oft. Von den Juden habe ich fünfmal vierzig Schläge weniger einen bekommen. Dreimal bin ich mit Ruten geschlagen, einmal gesteinigt worden; dreimal habe ich Schiffbruch erlitten; einen Tag und eine Nacht habe ich in Seenot zugebracht; oft auf Reisen, in Gefahren von Flüssen, in Gefahren von Räubern, in Gefahren von meinem Volk, in Gefahren von den Nationen, in Gefahren in der Stadt, in Gefahren in der Wüste, in Gefahren auf dem Meer, in Gefahren unter falschen Brüdern; in Mühe und Beschwerde, in Wachen oft, in Hunger und Durst, in Fasten oft, in Kälte und Blöße ...«* (2. Kor 11,23–27). Dem fügt er hinzu: *»... außer dem Übrigen noch das, was täglich auf mich eindringt: die Sorge um alle Gemeinden«* (V. 28). Wow! Wenn Sie sich das nächste Mal beschweren wollen, vergleichen Sie ihr »Problem« mit denen von Paulus und tun Sie Buße.

Paulus *»war ein Mensch von gleichen Gemütsbewegungen wie wir«* (Jak 5,17). Wenn er ausgepeitscht wurde, fühlte er den Schmerz. Er wusste, was es bedeutete, zu Unrecht zu leiden, und doch sagt er in der Tat: »Es hält mich nicht von dem ab, was Gott in und durch mein Leben erreichen möchte«. Auch wir sollten diese Art Mensch sein, der sich weigert, sich abhalten zu lassen, egal wie die Umstände sind. Es wird Belastungen und Schwierigkeiten geben, besonders wo wir auf die letzten Tage zugehen. Ich glaube, die Verfolgung der Gemeinde wird zunehmen, worauf wir uns vorbereiten müssen – ich tue es wirklich.

Jesus hat uns versprochen: *»... ihr werdet von allen Nationen gehasst werden um meines Namens willen«* (Mt 24,9). Die Gemeinde wird in diesen Tagen weltweit Feindschaft erleben, sichtbar gemacht durch Verfolgung. Ich bin davon überzeugt. Wie es in Psalm 2,2–3 heißt: Die *»Könige der Erde ... tun sich zusammen gegen den HERRN und seinen Gesalbten: ›Lasst uns zerreißen ihre Bande und von uns werfen ihre Stricke!‹.«* Ich verstehe das so, dass die Gemeinde die einzige zügelnde Stimme sein wird, die auf der

Erde ist und gegen Unrecht, Gesetzlosigkeit und Sünde aufschreit. Wir sollen Salz sein, das sich bemüht, Korruption zu verhindern, das Licht, das sich bemüht, Dunkelheit zu vertreiben. Und doch liebt die Welt *»die Finsternis mehr ... als das Licht«* (Joh 3,19) und tut deshalb alles in ihrer Kraft Stehende, um die *Fesseln* und *Stricke* abzulegen, die ihrem Willen entgegenstehen – z.B. Abtreibung und Homosexualität, um nur zwei zu nennen.

Wie Sie sehen können, ist in diesen Tagen, in denen wir leben, Ausdauer und Beharrlichkeit äußerst notwendig und wichtig. Gott wird Belastungen, Schwierigkeiten und Probleme für seine endgültigen Absichten und zu unserem Besten zulassen. Nach deren Belastungen in der Wüste erinnerte Mose die Kinder Israels daran, dass Gott gesagt hatte: »... damit er dir am Ende wohltue ...« (5.Mo 8,16).

Vor Kurzem las ich wieder einmal die Geschichte von Petrus, die ich bei der Nacherzählung gerne etwas ausschmücken möchte – ohne natürlich die Fakten zu verändern. Die Geschichte beginnt mit dem Teufel, der Jesus einen Besuch abstattet. Die Szene hat sich vielleicht folgendermaßen abgespielt:

Eines Morgens klopft es früh an die Tür, vielleicht etwa fünf Uhr morgens, und Jesus geht, um die Tür zu öffnen. Ein wenig später steht Petrus auf, kommt herunter, reibt sich immer noch halb schlafend die Augen und sagt: »Herr, wie lange bist du schon auf?«.

»Oh, ich bin schon seit einigen Stunden auf.«

Petrus sagt: »Früh am Morgen habe ich jemanden klopfen gehört. Zumindest meine ich das.«

Jesus antwortet: »Ja, du hast recht. Es hatte geklopft.«

»Das dachte ich mir«, erwidert Petrus. »Wer um alles in der Welt kommt denn zu solch einer frühen Stunde vorbei?«

Jesus antwortet: »Es war der Teufel.«

»Der Teufel?« (Ich kann mir gut vorstellen, wie Petrus' Gehirn auf Hochtouren läuft – erstaunt von dem, was er hört.) »Der Teufel? Wirklich, Herr, du machst keine Witze, oder?«

»Nein, es war der Teufel.«

»Der Teufel – was wollte er denn?«

»Nun, genau genommen kam er wegen dir, Petrus.«

»Jetzt machst du aber Witze, oder? Du weißt, Herr, dass ich letzte Nacht nicht gut geschlafen habe.«

Jesus sagte: »Nein, ich mache keine Witze. Er kam wegen dir.«

»Was wollte er denn?«

»Also, Petrus, eigentlich wollte er dich wie Weizen durchsieben. Kennst du diese großen Mühlsteine, die sie benutzen, um Korn zu mahlen? Nun, er wollte dich zwischen diese riesigen Steine tun und für eine Weile mahlen.«

»Oh Herr, ich bin froh, dass du zur Tür gegangen bist. Ich vermute, du hast ihm gesagt, wo er hingehen soll, oder?«

»Nein«, sagte Jesus.

»Was meinst du damit: ›Nein!‹? Was hast du ihm gesagt?«

»Ich habe gesagt: Leg los.«

»Du hast was?«

»Ich habe ihm gesagt: Leg los«, sagte Jesus. »Ich habe ihm die Erlaubnis gegeben.«

Ich kann mir vorstellen, wie Petrus Jesus absolut ungläubig und schockiert anstarrt. (Welch ein Freund ist unser Jesus?)

Dann sagt Jesus zu Petrus: »Ich bete für dich, denn das wird etwas tun, was auf keinem anderen Weg erreicht werden kann. Es wird deinen Charakter verändern – du wirst dadurch gestärkt werden. Ich bete, dass du so daraus hervorgehst, dass du dann in der Lage bist, anderen effektiver zu dienen«.

Sogar Paulus sagte: *»... dass wir übermäßig beschwert wurden, über Vermögen, sodass wir sogar am Leben verzweifelten«* (2. Kor 1,8). Aber dann zieht er aus seiner eigenen Erfahrung den Schluss:

»... der Vater der Erbarmungen und Gott allen Trostes, der uns tröstet in all unserer Bedrängnis, damit wir die trösten können, die in allerlei Bedrängnis sind ...« (2. Kor 1,3–4).

Gottes Wort macht ganz deutlich, dass wir uns inmitten eines geistlichen Kampfes befinden. Der Feind ist unerbittlich in seinem Angriff gegen uns. Unsere einzige Hoffnung auf den Sieg ist, die ganze Waffenrüstung Gottes anzulegen, damit wir in der Lage sind, all den Listen, Intrigen, Plänen und Strategien des Feindes standzuhalten (s. Eph 6,11). Wir müssen die Rüstung Gottes ständig anbehalten, den Helm des Heils und den Brustpanzer der Gerechtigkeit tragen, unsere Lenden mit der Wahrheit umgürten, das Schwert des Geistes und das Schild des Glaubens aufnehmen und unsere Füße mit dem Evangelium des Friedens beschuhen (s. Eph 6,11–17).

ÜBERSCHLAGEN SIE DIE KOSTEN

Einer meiner liebsten Bibelcharaktere ist Abraham. Wie Sie wissen, ist Abraham der Vater aller Gläubigen. Er ist, wenn man so will, der Prototyp, das Beispiel, das Modell für das, wonach Gott im Leben eines jeden Mannes und jeder Frau Gottes sucht. Im Kapitel 15 des ersten Buches Mose sehen wir, dass Abraham, der ohne Erbe ist – er hat keine Kinder – sich beim Herrn beklagt bzw. ihm dies erklärt. Abraham sagt in 1. Mose 15,3: *»Siehe, mir hast du keinen Nachkommen gegeben, und siehe, der Sohn meines Hauses wird mich beerben«*. Mit anderen Worten: »Wenn ich sterbe, dann habe ich keinen, dem ich meinen Besitz zurücklassen kann außer meinem Diener Eliëser«.

> *»Und siehe, das Wort des HERRN geschah zu ihm: Nicht dieser wird dich beerben, sondern der aus deinem Leibe hervorgeht, der*

wird dich beerben. Und er führte ihn hinaus und sprach: Blicke doch auf zum Himmel, und zähle die Sterne, wenn du sie zählen kannst! Und er sprach zu ihm: So zahlreich wird deine Nachkommenschaft sein! Und er glaubte dem HERRN; und er rechnete es ihm als Gerechtigkeit an« (1. Mo 15,4–6).

In 1. Mose 15,7 heißt es: *»Ich bin der HERR, der ich dich herausgeführt habe aus Ur, der Stadt der Chaldäer, um dir dieses Land zu geben, es in Besitz zu nehmen«.* Also gab Gott Abraham in diesem Kapitel zwei Versprechen – das eine, dass all das Land, durch das er hindurchgezogen war, ihm gehören würde. Abraham war wie die Jünger im Neuen Testament. Er war der Prototyp dessen, wonach Gott in Ihrem und in meinem Leben Ausschau hält. Er war der erste Jünger. Jüngerschaft ist nicht nur eine Lehre des Neuen Testamentes, sondern ist auch im Alten Testament vorhanden. Was war das erste, was Gott von Abraham verlangte? Er brachte ihn dazu, seinen Vater, Mutter, Bruder, Schwester und sein Zuhause zu verlassen.

Erinnern Sie sich an das, was Jesus seinen Jüngern versprach: *»Und ein jeder, der Häuser oder Brüder oder Schwestern oder Vater oder Mutter oder Kinder oder Äcker um meines Namens willen verlassen hat, wird hundertfach empfangen und ewiges Leben erben«* (Mt 19,29). Gott sagt im Grunde genommen zu Abraham: »Du, der du dein Land verlassen hast – ich werde dir ein neues Land geben, soweit das Auge reicht«. Aber er sagt auch: »Du wirst ein Kind haben«.

Abraham ist nun aber wie die meisten von uns. Er beginnt zu fragen: »Wie sollen diese Dinge geschehen?«. Immerhin ist er schon 100 Jahre alt.

Er sagt: »Herr, wie soll ich wissen, dass ich es besitzen werde?«. Zunächst einmal haben wir das *Versprechen.* Das Versprechen ist im Wesentlichen: »Du wirst Land besitzen«. Und das Versprechen ist: »Du wirst einen Sohn haben und deine Nachkommen werden so zahlreich wie die Sterne sein. Schaue auf in den Himmel und zähle die Sterne! Wenn du sie zählen kannst, wirst du in etwa ein Verständnis dafür haben, wie viele Nachkommen du haben wirst.«

Aber nach dem Versprechen gibt es immer ein *Preisschild.* Also kommt nach dem Versprechen der Preis, den Gott benennt: *»Bring mir eine dreijährige Jungkuh, eine dreijährige Ziege und einen dreijährigen Widder, eine Turteltaube und eine junge Taube«* (1.Mo 15,9). Mit anderen Worten: Alles hat auch immer einen Preis. Um die Versprechen Gottes zu erlangen, braucht es auch immer ein Opfer. Auch wenn wir das innerhalb von Minuten oder sogar Sekunden lesen können, müssen wir verstehen, dass dies hier ein Prozess ist. Abraham muss losziehen, die verschiedenen Tiere inspizieren und die Allerbesten bringen, weil Gott nichts akzeptieren würde, das irgendwie fehlerhaft ist. Er muss sie vorbereiten, dann muss er zwei Altäre bauen, weil sie einen Bund bestätigen werden.

Nachdem Abraham dies alles getan hat, bringt er all diese Dinge zu ihm und schneidet die Tiere in zwei Teile, *»... legte je einen Teil dem anderen gegenüber. Die Vögel aber zerteilte er nicht«* (1.Mo 15,10). Abraham hat nun also das Wort Gottes ganz genau erfüllt. Er hat genau das getan, was Gott von ihm verlangt hat, aber statt dass Gott auftaucht, um den Bund oder das Versprechen zu bestätigen, geschieht etwas anderes. In 1. Mose 15,11 heißt es, dass die *Räuber* kamen: *»Da stießen die Raubvögel auf die toten Tiere herab; aber Abram verscheuchte sie«*, um das zu bewahren, was er auf den Altar gelegt hat. Also, statt Gott taucht der Feind auf.

Dies ist ein Bild für den Teufel. Die Vögel des Himmels kommen sofort, nachdem das Wort gesät wurde. Jedes Mal, wenn Sie ein Opfer darbringen, wird der Feind da sein, um zu versuchen, Sie dazu zu bringen, das, was Sie auf den Altar gelegt haben, wieder herunterzunehmen. Die Vögel des Himmels kommen aus jeder Richtung, und er treibt sie beharrlich fort. Es gibt Zeiten, in denen wir all die Ablenkungen, Versuchungen, Zweifel und Ängste, die der Feind versucht, in unser Leben zu bringen, fortjagen müssen. Wir müssen das Schwert des Geistes nehmen und es benutzen.

Abrahams Geschichte geht weiter. Die Sonne ging gerade unter, und während die Sonne unterging, geschah etwas mit Abraham. Die Bibel sagt: *»... da fiel ein tiefer Schlaf auf Abram; und siehe, Schrecken, dichte Finsternis überfiel ihn«* (1. Mo 15,12). Schrecken und dichte Finsternis. Ich glaube, der Schrecken kann mit den Raubvögeln assoziiert werden. Solange das Tageslicht da ist, kann man sehen, woher sie kommen, und hat eine Chance, sie zu besiegen. Aber wenn die Sonne untergeht, fehlt es an Sicht, fehlt es an Klarheit. Es wird dunkler und dunkler, und mitten in der Dunkelheit denkt man: »Kann es denn noch schlimmer kommen?«. Einige von Ihnen sind schon an diesem Punkt gewesen.

Die Angst, die Sie haben, ist die Angst vor großer Dunkelheit. »Herr, wenn die Sonne untergeht, bin ich in Schwierigkeiten. Ich werde nicht mehr in der Lage sein zu sehen, woher die ganzen Angriffe kommen. Ich kann nichts sehen. Die Sicht fehlt mir.« Es wird Zeiten geben, in denen Gott es zulässt, dass wir solchen Situationen begegnen, in denen uns die Sicht oder das Verständnis fehlen. Es scheint eine Zeit der Dunkelheit zu sein, und wir werden ängstlich. Kann es denn noch schlimmer kommen?

In 1. Mose 15,17 heißt es: *»Und es geschah, als die Sonne untergegangen und Finsternis eingetreten war ...«*, dass es eben *sehr* dunkel war. Also kommt das, was Abraham am meisten fürchtet, über ihn. Wenn es sehr dunkel draußen ist, *dann können Sie die Sterne* *nicht sehen.* Wenn keine Wolken am Himmel sind und die Nacht klar ist, können Sie aufs Land hinausfahren und die Sterne ohne Probleme sehen. Tatsächlich heißt es in der Bibel, dass die Sterne als Licht gegeben wurden (1. Mo 1,14–15). Sie können im Licht des Mondes nach Hause laufen; in manchen Nächten ist es – besonders auf dem Land – so hell, dass man ohne Probleme nach Hause laufen kann. Aber wenn eine Wolkendecke da ist, dann können Sie hochschauen und nicht einen einzigen Stern sehen; alles ist vollkommen dunkel. In solchen Momenten scheinen diese Versprechen so weit entfernt, dass Sie hartnäckig sein und an Gottes Wort festhalten müssen, egal, wie die Gefühle oder die »Sicht« ist.

Zuvor musste Abraham jedes Mal, wenn er zweifelte oder entmutigt war, nur in den Himmel aufschauen, und er wurde Nacht um Nacht an Gottes Versprechen, dass sein Same zahlreicher als die Sterne des Himmels sein würde, erinnert. Nun kann er sich die Versprechen aufgrund der Dunkelheit nicht vergegenwärtigen. Genauso gibt es in unserem Leben als Christen Abschnitte, in denen das prophetische Wort, das Wort, an dem Sie sich monate- oder jahrelang festgehalten haben – das, was Sie in Gang gehalten hat –, irgendwie seine Realität verloren hat und Sie sich an einem Ort tiefster Dunkelheit wiederfinden.

Doch es war an dem Ort extremer Dunkelheit, dass Gott Abraham schlussendlich erschien. Was ich versuche auszudrücken, ist, dass es Abschnitte gibt; jeder Mann oder jede Frau Gottes erlebt diese Abschnitte. Auch im Leben von Menschen wie Mose sehen wir, dass seine Zeit (sein Abschnitt) am hintersten Ende der Wüste ohne Zweifel eine Vorbereitung auf seine Funktion als Hirte einer Million mürrischer Schafe durch ihre vierzigjährige Wüstenzeit war.

STEHEN SIE DIE WÜSTENZEITEN DURCH

Ich kann mich noch gut an meine persönliche Wüstenzeit 1988, nachdem ich Neuseeland verlassen hatte, erinnern. 15 Jahre lang sind wir Teil einer großen wunderbaren Gemeinde gewesen. Wir fühlten uns sicher, waren geliebt und von den Menschen akzeptiert. Unsere Kinder besuchten eine großartige christliche Schule, eines ging sogar schon aufs College. Wir hatten uns in einem behaglichen Zuhause niedergelassen und hatten alles, was wir brauchten, als ich spürte, dass der Herr uns dahin führte, wieder in die USA zurückzukehren. Ich war entschlossen, nach dem Prinzip zu leben, dass Gott ausreicht, um all meinen Nöten zu begegnen, und dass er allein Türen öffnen würde und sich unserer Nöte annehmen muss. In den vierzig Jahren des Dienstes habe ich nicht einmal um ein Treffen gebeten oder einen Newsletter herausgegeben, indem ich um Unterstützung gebeten habe, und doch kann ich ehrlich sagen, dass Gott mich und meine Familie immer reichlich versorgt hat. Wir kamen in Dallas, Texas an, kauften uns dort ein Haus und vertrauten völlig darauf, dass Gott die Türen für meinen Dienst öffnen würde. Monate vergingen mit wenigen Veranstaltungen, und es ist wohl überflüssig zu sagen, dass ich viel Zeit im Gebet verbrachte.

In einer recht heiklen Zeit kam meine Frau zu mir. Wie Sie wissen, haben viele Frauen die Neigung, sich einnisten zu wollen; sie möchten sich niederlassen, sie möchten diese Sicherheit zu wissen, dass alles okay ist. Sie kam zu mir und sagte: »David, haben wir einen Fehler gemacht?«.

Und ich erinnere mich daran, dass aus meinem Mund die folgenden Worte kamen – ich bin nicht sicher, woher sie kamen –, aber ich sagte: »Liebling, beraube mich nicht meiner Wüste«. Durch den Umzug nach Dallas war plötzlich alles von mir abgelöst worden. Das Team von Männern, mit denen ich so eng zusammengearbeitet hatte, war nun weg. Ich war allein, keine Türen öffneten sich, aber ich war allein mit Gott. Tag für Tag brütete ich über dem Wort Gottes und Gott begann, mir neue Wahrheiten zu offenbaren. Es war eine Zeit, durch die ich nicht noch einmal würde durchgehen wollen, aber genauso wenig würde ich sie gegen etwas anderes eintauschen wollen.

Auch Josef ging durch seine eigene Wüste. Er hatte das Versprechen, aber es dauerte dreizehn Jahre, bevor er die Erfüllung des Versprechens sah. Ich erzähle den Menschen, dass es einen Unterschied gibt zwischen dem *Ruf* und dem *Auftrag* Gottes. Wir sehen den Ruf Gottes, als Jesus seine Jünger zu Beginn seines Dienstes herausforderte, alles zu verlassen und ihm zu folgen – das war ihr Ruf. Der Auftrag kam drei Jahre später: *»Geht hin in die ganze Welt und predigt das Evangelium der ganzen Schöpfung!«* (Mk 16,15). Zwischen dem Ruf und dem Auftrag gibt es immer eine Zeit der Vorbereitung.

Zurück zu Josefs Leben: Er hatte einen Ruf. Der Ruf war: »Ich werde dich erhöhen. Die Menschen werden sich vor dir niederbeugen. Deine eigene Familie wird sich vor dir niederbeugen.« Aber zwischen dem Ruf und dem Auftrag bestand eine 13-jährige Vorbereitungszeit; 13 Jahre der Bedrängnisse, der Enttäuschungen, der Zurückweisungen und der Anklagen. Die Bibel spricht davon, dass Gott ihn ins Gefängnis gesetzt hat, und er war in Ketten; er war gepeinigt, bis das Wort Gottes eintraf. All dies ist Teil des »Wohlbewährtseins« eines Mannes oder einer Frau Gottes.

BEHARRLICHKEIT FÜHRT ZU REIFE

Ich versuche diesen Punkt deutlich zu machen, damit Sie es verstehen. Haben Sie keine Angst, durch diese verschiedenen

Zeiten hindurchzugehen. Verstehen Sie sie. Sie sind ein Teil von Gottes Vorhaben und Prozess, und wenn Sie richtig mit ihnen umgehen, können sie uns zu reifen Männern und Frauen Gottes machen. Es ist nicht immer alles einfach; Gott hat niemals gesagt, dass es das sein würde. Das Wort Gottes vermittelt das niemals. Ich weiß, dass verschiedene Lehren in der Gemeinde herumschwirren, die besagen, dass wir all diesen Dingen entfliehen können, wenn wir es nur laut genug kundtun. Aber mit Sicherheit ist das keine »gut fundierte« Lehre, nicht biblisch; und keiner der Menschen in der Bibel, die ich kenne, hat dies jemals getan. Weder hat Jeremia proklamiert, dass er nicht in einer Grube enden würde, noch hat Josef proklamiert, dass er nicht im Gefängnis enden würde. Nein, alles ist Teil des Prozesses, durch den Gott uns hindurchführen wird.

Manchmal müssen wir gegen Entmutigung, Ängste, Unsicherheit und Einsamkeit ankämpfen. Ich höre noch immer meinen Freund Peter Morrow, wie er einen Eindruck weitergibt, in welchem der Teufel eine Auktion veranstaltet, um einen Teil des alten Equipments, das mittlerweile abgenutzt und veraltet ist, loszuwerden. Die Dämonen halfen ihm, indem sie herumliefen und alte Instrumente einsammelten, die sie versteigern wollten. Bald kam einer von ihnen mit einem sehr abgenutzten Instrument an und sagte: »Hier, Teufel, das sieht ziemlich verschlissen aus. Sollen wir es auch zur Versteigerung anbieten?«.

Der Teufel erwiderte sofort: »Nein, nein, nein, nein. Was auch immer du tust, fasse das nie, nie, niemals an. Das ist mein wertvollstes Instrument und der Grund dafür, dass es so abgenutzt aussieht, ist, dass ich es immer und immer wieder verwendet habe.«

Überrascht fragte der Dämon: »Was ist es?«.

»Entmutigung«, antwortete der Teufel.

Es gibt Zeiten, in denen wir von Entmutigung überwältigt werden. Wir denken, dass die ganze Welt sich gegen uns gewandt hat und es keinen Ausweg gibt. Was wir in solchen Zeiten tun müssen, ist den Rat zu beherzigen, den der Autor des Hebräerbriefes gibt, indem er sagt: »*... hinschauen auf Jesus, den Anfänger und Vollender des Glaubens ...*« (Hebr 12,2).

Es benötigt BEHARRLICHKEIT, um die Salbung am Leben zu erhalten. Geben Sie nicht auf!

KAPITEL 5

REINHEIT

Aus sich selbst heraus ist Reinheit keine Kraft, aber sie macht den Weg frei.

– T. Henry Howard

Das losgelöste Leben ist das Ergebnis einer ernsthaften, engen moralischen Reinheit; nicht die eines engen Geistes. Die geistige Sicht von Jesus Christus war so groß wie die Sicht Gottes, folglich ging er überall hin - auf Hochzeitsfeste, ins soziale Leben seiner Zeit -, weil seine Moral absolut rein war; und das ist es, was Gott von uns möchte.

– Oswald Chambers

In diesem Kapitel wollen wir uns die absolute Notwendigkeit der Reinheit anschauen. Diese ist nicht verhandelbar. In der Einleitung habe ich erwähnt, dass etwa 1.500 Pastoren pro Monat in Sünde fallen. Der Hauptgrund ist irgendeine Art sexueller Unreinheit. Laut der neuesten Statistiken haben wir etwa 25 Millionen Websites, die sich ausschließlich der Pornografie widmen – 25 Millionen! Geistliche Landminen. Jedes Mal, wenn Sie online gehen, sind Sie nur einen Mausklick von einem der tödlichsten Instrumente, die sich der Teufel jemals ausgeheckt hat, entfernt. Ein kurzer Streifblick reicht aus, um Sie zu schnappen und Sie in ein Leben der Gebundenheit und der seelischen Qual zu treiben. Pornografie ist der »Sekundenkleber« des Teufels; nur eine Berührung und Sie können sich nicht mehr losreißen. Allein die Statistiken beweisen dies.

Vor einigen Jahren hielt ich einige Veranstaltungen im Mittleren Westen der Vereinigten Staaten ab. Der Hauptpastor war gleichzeitig der Aufseher über seine Region, welche zufälligerweise auch Teil der pfingstlerischen Denomination ist. Als wir uns miteinander unterhielten, bemerkte er, dass sie gerade 19 Pastoren bräuchten, um 19 andere zu ersetzen, die aufgrund irgendeiner Art sexueller Sünde gefallen waren.

Einer Umfrage von »Promise Keepers« zufolge sagten 65 % der befragten Männer aus, dass sie mit irgendeiner Form von sexueller Abhängigkeit zu kämpfen haben – 65 %! Anders als jede andere Generation der Geschichte werden wir aus jeder Richtung mit sexuellem Schlick bombardiert. Es ist fast unmöglich, ein Buch oder Magazin zur Hand zu nehmen oder das Radio oder den Fernseher einzuschalten, ohne eindeutig sexuelles Material zu sehen oder zu hören zu bekommen, das gezeigt, geschrieben oder über das geredet wird. Der Feind hat diesen wunderschönen, kostbaren und heiligen Bereich, den Gott zur Freude des Ehemannes und der Ehefrau gedacht hat, genommen und ihn verdreht, verzerrt und verschandelt.

Vielleicht lesen einige Frauen dies und denken bei sich: »Ich weiß, dass das ein großes Problem der Männer ist«. Sie werden überrascht sein, dass die Amerikaner einer vor kurzem ausgestrahlten *The Oprah Winfrey Show* zufolge etwa 57 Milliarden Dollar im Jahr für Pornografie ausgeben – etwa 20 Milliarden Dollar allein für Kinderpornografie. Es ist eine der größten Industrien der Welt. Aber was am aufschlussreichsten war: »Die meisten Konsumenten von Pornografie sind weiblich, nicht männlich«. Frauen werden tief in Liebesromane verwickelt; sie verfolgen all die »Soaps« im Nachmittagsprogramm. Oprah (und ich tue das auch) stuft diese als Pornografie ein.

Jeder Einzelne muss diesem unerbittlichen Angriff ins Auge schauen. Deshalb müssen wir wissen, wie wir unser Leben beschützen können. Vor Kurzem sprach ich mit einem Postboten, der etwa 1.100 Haushalte bedient. Er schätzte, dass etwa 10 % der Post, die er ausliefert, irgendeine Form von pornografischem Material beinhaltet. Was können wir tun?

Gottes Wort sagt deutlich, dass wir vor jugendlichen Lüsten fliehen sollen. Uns wird gesagt, dass es der Wille Gottes ist, uns von sexueller Unmoral zu enthalten. Es bedarf Anstrengung und Entschlossenheit, dies zu tun.

Die »Assemblies of God«, die größte pfingstlerische Denomination in Amerika, hat vor fünf oder sechs Jahren einen Brief an ihre Pastoren hinausgeschickt, in dem sie vor einer bestimmten Sache warnen: der Gefahr von Pornografie im Internet. Dies waren Pastoren! Der Brief war nie für die Gemeinde bestimmt; nicht, dass sie ihn nicht sehen konnten oder nicht davon gewusst hätten, aber er war eigens von Springfield, Missouri ausgesandt worden, um Pastoren zu warnen – weil so viele Leiter in diesem bestimmten Bereich gefallen sind.

ENTWICKELN SIE EINEN HASS GEGEN DIE SÜNDE

Um uns selbst zu schützen, brauchen wir die Furcht Gottes in unseren Leben – denken Sie nicht? Die Furcht Gottes, die darin besteht, das Böse zu hassen, ist eine Lehre, die heute in der Gemeinde zum größten Teil fehlt. Wenn Sie etwas fürchten, dann vermeiden Sie es. Wenn ich Höhenangst habe, dann werden Sie mich nicht von einem 30-Stockwerke-Gebäude herabblicken sehen. Wenn ich Höhenangst habe, dann werde ich so weit wie irgendwie möglich von der Kante wegbleiben. Furcht Gottes heißt auch, das Böse zu hassen. Wenn Sie etwas hassen, stellt es keine wirkliche Versuchung mehr dar. Wenn Sie Schokoladeneis hassen (was nicht gerade viele Menschen tun) und Sie die

Wahl haben, dann werden Sie überhaupt nicht in Versuchung sein, weil Sie es hassen. Folglich macht es Sinn, dass das, was Sie fürchten oder hassen, nicht wirklich eine Versuchung ist. Deshalb sagt die Bibel: *»Die Furcht des HERRN ist der Anfang der Erkenntnis«* (Spr 1,7). Die Furcht des Herrn zu haben bedeutet, das Böse zu hassen.

In unseren Gemeinden ist es vonnöten, dass die Furcht Gottes hineinkommt, um Hass gegen die Sünde in uns zu bewirken. Zu viele Menschen wissen, dass Sünde falsch ist – wir alle wissen das –, aber wir hassen sie nicht. Viele, viele Male habe ich Gott darum gebeten: »Herr, gib mir einen Hass auf die Sünde«. Das ist einer der größten Schlüssel, um die Salbung zu bewahren.

Ich kann mich noch an die Zeit erinnern, als ich ein junger Pastor war. Meine Frau und ich segelten zusammen mit unserem ersten Kind, das gerade einmal drei Monate alt war, von New York City nach Neuseeland. Nachdem wir dort angekommen waren, zogen wir in ein kleines Haus auf einer kleinen Insel vor der Küste von Neuseeland, die Great Barrier Island heißt. Der Mann, mit dem ich zu dieser Zeit zusammenarbeitete, war ein wunderbarer Mann Gottes, der einmal im Jahr auf dieser Insel eine Konferenz für alle Gläubigen, die kommen wollten, abhielt. Meine Frau und ich waren damals behilflich, Jugend mit einer Mission (JmeM) in Neuseeland bekannt zu machen, und Loren Cunningham, der internationale Direktor von JmeM, kam als Gastsprecher neben einigen anderen Männern und Frauen Gottes der örtlichen Gemeinde. Die Organisatoren der Konferenz schlugen ein großes Zelt für die Versammlungen auf und die Menschen reisten aus der ganzen Region an.

Die Botschaft, die auf dieser Konferenz den größten Einfluss auf mein Leben hatte, wurde von Milton Smith gehalten. Eine ganze Stunde lang sprach er über die »Furcht des Herrn«. Ich erinnere mich daran, dass ich am Ende der Botschaft einige der

Leiter bat, für mich zu beten. Joy Dawson war eine von ihnen, zusammen mit einigen anderen, die sich mit mir in einem kleinen Büro von etwa 1,80 × 3 m versammelten. Ich kniete nieder und bat sie, ihre Hände auf mich zu legen und dafür zu beten, dass der Herr die Furcht Gottes in mein Leben legen würde.

Sehen Sie, ich wusste zwar, dass Sünde falsch ist, aber ich habe sie nicht gefürchtet, und über Jahre habe ich Gott darum gebeten, seine Furcht mehr und mehr in mein Leben zu legen. Ich glaube, die Furcht Gottes kann ich am besten folgendermaßen erklären: In der Highschool war ich wie alle anderen auch jeder Versuchung ausgesetzt. Meine Familie war gerade von England nach Amerika umgezogen und ich war 15 Jahre alt. Es gab Gelegenheiten, sich in Sünde, sexuelle Aktivitäten, Alkohol, rauchen und hundert andere Dinge verwickeln zu lassen. Drogen waren damals noch nicht so weit verbreitet, aber alles andere schon, und ich wurde versucht, wie jeder andere auch. Aber eines wusste ich: Wenn ich mich auf irgendeines dieser Dinge einlassen würde und mein Vater das herausbekäme, würde ich meinen Vater vernichten. Ich wusste um alles, wofür mein Vater stand und wofür er lebte: seine Botschaft über Heiligkeit, seine Betonung des Gebets und des (Er-)Kennens Gottes. Ich wusste, würde ich mich auf diese Dinge einlassen und würde mein Vater erfahren, dass ich rauchte, trank oder mich durch die Betten schlief, würde das wortwörtlich sein Herz brechen und sein Leben zerstören.

Obwohl ich durch diese Dinge versucht war, hatte ich solch eine Achtung, solch eine Liebe für meinen Vater und habe ihn so hoch in Ehren gehalten und geschätzt, dass ich ihn nicht verletzen wollte. Also war es im Grunde genommen meine Liebe für meinen Vater, die mich in den Jahren der Highschool auf der sicheren Seite gehalten hat. Das ist es, was die Furcht Gottes ausmacht: Es ist die Liebe für einen größeren Vater, ein Verständnis dafür, wer er ist und wofür er steht, sein Wesen, sein Charakter, seine Heiligkeit und das Wissen darum, dass wir, wenn wir sündigen, das Herz des Vaters brechen.

Gott sucht nach heiligen Menschen. Die Botschaft vor dem ersten Kommen Jesu Christi war eine Botschaft der Buße und ich glaube, die Botschaft, die seinem zweiten Kommen vorausgehen wird, wird auch eine Botschaft der Buße sein: *»Bereitet den Weg des Herrn ...«* (Lk 3,4). Die Bibel erklärt ausdrücklich, dass ohne Heiligkeit *»niemand den Herrn schauen wird«* (Hebr 12,14).

Eines Abends während der »Pensacola-Erweckung« hat eine große Zahl Menschen auf die Einladung reagiert. Ich saß auf der Bühne und wurde gebeten, denen behilflich zu sein, die nach vorne gekommen waren. Ich ging wahllos auf einen Mann zu und fragte: »Kann ich mit Ihnen beten?«.

Er antwortete: »Ja«.

Ich fragte: »Gibt es ein bestimmtes Thema, für das ich mit Ihnen beten kann?«.

»Ja«, sagte er und erzählte mir dann, dass er auch ein Prediger ist. »Ich reise um die ganze Welt und predige die Botschaft des Glaubens. Ich bin ein Glaubensprediger.« Er fuhr fort: »Ich saß heute Abend in der Versammlung und Steve Hill predigte. Gott sprach zu mir und sagte: ›Ohne Glauben ist es unmöglich, mir zu gefallen‹. Aber dann hörte ich ihn sagen: ›Ohne Heiligkeit wird mich kein Mensch sehen‹. Ich habe einige unerledigte Dinge, um die ich mich kümmern muss.« Später erzählte er mir: »Ich erkenne, dass Glaube zwar wichtig, Heiligkeit aber unerlässlich ist«.

HEILIGKEIT IST UNERLÄSSLICH

Im Wort Gottes finden sich viele, viele Ermahnungen bezüglich der Heiligkeit. In Jesaja 52,11 heißt es: *»... reinigt euch, die ihr die*

Geräte des HERRN tragt!«. Seid rein. Hier wird von den Priestern gesprochen, von denen, die in der Stiftshütte arbeiteten und von ihrer Handhabung der heiligen Geräte, aber wir können das offensichtlich auf das Neue Testament übertragen und dort anwenden. Paulus sagte zu Timotheus: *»Wenn nun jemand sich von diesen reinigt, wird er ein Gefäß zur Ehre sein, geheiligt, nützlich dem Hausherrn, zu jedem guten Werk bereitet«* (2.Tim 2,21). Gott sucht nach reinen Gefäßen; er sucht nach einer reinen Gemeinde, einer Gemeinde ohne Flecken und ohne Runzeln. Im Alten Testament sprachen Flecken und Runzeln von Makeln und Fehlern, und Gott sucht nach einer Gemeinde, die ohne Makel und ohne Fehler ist.

Heiligkeit kann am besten als geistliche Gesundheit definiert werden. In Amerika geben wir jedes Jahr buchstäblich Milliarden Dollar für gesundheitsbezogene Produkte aus, ob das nun Sportgeräte, Tennisschuhe oder Vitaminpillen sind. Warum? – Weil wir unseren Körper gesund erhalten möchten. Wir nehmen das ernst. Wir machen unsere routinemäßigen Übungen und das alles nur für »Gesundheit«. In dem Moment, wo wir einen stechenden Schmerz verspüren, sind wir schon auf dem Weg zum Arzt; wir möchten, dass diese Sache diagnostiziert wird; wir möchten, dass der Arzt uns sagt, was uns fehlt. Je schneller wir zum Arzt gehen, desto schneller kann auch die nötige Behandlung beginnen.

Wir leben nicht gerne mit Schmerzen, weil wir wissen, dass sie der Indikator dafür sind, dass etwas nicht stimmt. Beim ersten Anzeichen eines Schmerzes rufen wir beim Arzt an, um einen Termin zu vereinbaren. Wenn die Empfangsdame im Büro des Arztes sagt, dass er beschäftigt ist und Sie nicht vor Freitag kommen können, dann reagieren wir meistens mit der folgenden Aussage: »Wenn kurzfristig etwas frei wird, dann sagen Sie mir bitte Bescheid«. Wir möchten so früh wie möglich einen Termin.

Wir möchten, dass sich um den Schmerz gekümmert wird; wir möchten keine Woche lang warten, um die Ursache herauszufinden. Aber wenn es um die Krankheit Sünde geht, dann können wir jahrelang weitermachen, ohne zum großen Arzt zu gehen, um Hilfe zu ersuchen.

Heiligkeit bedeutet, dass wir sozusagen in Gottes Angesicht schauen können und wissen, dass wir unseren Kopf nicht beschämt senken müssen. Wie es ein alter Choral sagt: »Nichts steht zwischen meiner Seele und dem Retter«. Wir können Gott dafür danken, dass das Blut Jesu Christi, des Sohnes Gottes, dies möglich gemacht hat. Aber dennoch gibt es eine Rolle, die Sie und ich in diesem Prozess auszufüllen haben: Wir müssen uns rein halten. Paulus sagt: *»Wenn nun jemand* ***sich [selbst]*** *von diesen reinigt ...«* (2. Tim 2,21).

Nun sagen Sie vielleicht: »Ich komme aus einem katholischen Hintergrund und das hört sich für mich wie Errettung aufgrund von ›guten Werken‹ an«. Nein, wir werden nicht aufgrund von guten Werken errettet, aber in gewisser Hinsicht spielen wir eine Rolle dabei, unseren Weg beizubehalten. Das kann ich am besten verdeutlichen, wenn wir uns die Feste Israels ansehen. Das allererste Fest war das Passahfest. Es begann damit, dass die Kinder Israels für jeden Haushalt ein Lamm schlachteten. Nachdem das Lamm ausgeblutet war, nahmen sie Ysop und tauchten diesen in das Blut. Danach fuhren sie fort, indem sie die Türpfosten und Schwellen ihres Hauses mit dem Blut besprengten. Das Blut wurde niemals auf den Boden gesprengt, weil dies bedeutet hätte, das größere Lamm, das Lamm Gottes, unter den Füßen niederzutrampeln. Gott offenbarte Mose: *»Und wenn ich das Blut sehe, dann werde ich an euch vorübergehen ...«* (2. Mo 12,13).

Die Israeliten wurden durch das Blut des Lammes losgekauft. Es gab nichts, was sie tun konnten, um sich das im Geringsten zu verdienen. Es geschah ganz einfach auf der Basis des vergossenen Blutes des Lammes – auch wenn sie Gottes Geboten gehorchen mussten. Auf diese Art und Weise werden Sie und ich gerettet: durch Gnade, durch Gnade allein, aber das bedeutet nicht, dass wir uns zurücklehnen und nichts tun dürfen.

In dem Moment, in dem das Passahfest endete, begann ein anderes Fest: das Fest der ungesäuerten Brote. Bei diesem Fest war jeder Israelit dafür verantwortlich, jede Spur von Sauerteig aus seiner Behausung zu entfernen. Sie mussten jede Schublade, jeden Küchenschrank, Behälter usw. öffnen, und wenn sie irgendeine Spur von Sauerteig fanden, mussten sie diese entfernen. Das finden wir auch im Neuen Testament. Wir sind losgekauft aus Gnade, losgekauft durch das Blut des Lammes, aber wir müssen dies durch Gehorsam gegenüber dem Wort Gottes in unserem täglichen Leben erhalten. Paulus erzählt uns, wie er lebte: »Ich übe mich täglich«; »ich unterwerfe meinen Körper«; *»... allezeit ein Gewissen ohne Anstoß zu haben vor Gott und den Menschen«* (Apg 24,16). Es verwundert daher kaum, dass Paulus die gleiche dringende Mahnung an Timotheus weitergibt: »Reinige dich von diesen Dingen; wenn du das tust, wirst du ein Gefäß zur Ehre sein, geheiligt und dem Hausherrn nützlich« (s. 2. Tim 2,21).

Ich stelle mir das gerne als »geistliche Wartung« vor. Gott kommt nicht, liest uns jeden Tag sein Wort vor und führt uns dann ins Gebet. Das müssen wir selbst tun. Während wir das Wort lesen, verhält es sich wie mit einem Spiegel: Es offenbart uns die Bereiche in unserem Leben, die gereinigt werden müssen. Es ist dann unsere Verantwortung, diese Dinge vor Gott zu bekennen und ihn um Reinigung zu bitten. Ein gewöhnlicher Spiegel zeigt uns unsere physische Verfassung, aber er kann uns nicht verändern. Wir müssen uns um das kümmern, was der Spiegel offenbart. Wenn der Spiegel uns zeigt, dass unsere Haare zerzaust, unsere Klamotten schmutzig oder wir zu dick sind, dann sind wir diejenigen, die in Aktion treten müssen.

Reinheit ist so lebenswichtig. Das Haus Gottes soll ein »abgegrenztes« Haus sein: *»Darum geht aus ihrer Mitte hinaus und sondert euch ab!, spricht der Herr«* (2. Kor 6,17). Im Alten Testament hat David gegen Gott gesündigt (1. Chr); deshalb sandte Gott ein Schwert gegen die Nation Israel und 70.000 Menschen starben. Als David seine Opfer auf dem Dreschplatz Ornans, dem Jebusiter, darbringt, hat er plötzlich eine Offenbarung. Er sagt: *»Das hier soll das Haus Gottes, des HERRN, sein ...«*. Auf diesem Dreschplatz hat Salomo später den Tempel erbaut.

Was ist das Bedeutende an einem Dreschplatz? – Ein Dreschplatz ist ein Ort der Trennung. Dreschplätze sind interessant, und es ist ein interessantes Studium, sich Dreschplätze im Wort Gottes anzuschauen. Auf einem Dreschplatz näherte Rut sich Boas. Auch im Leben Davids sind Dreschplätze interessant. Auf einem Dreschplatz kippte der Ochse beinahe die Bundeslade um und ein Mann starb, was dazu führte, dass David Gott suchte und nach dem Grund fragte. In Lukas 3,17 lesen wir: *»Seine Worfschaufel ist in seiner Hand, seine Tenne zu reinigen und den Weizen in seine Scheune zu sammeln; die Spreu aber wird er verbrennen mit unauslöschlichem Feuer«*.

Gott ruft seine Gemeinde dazu auf, ein abgesondertes Volk zu sein, herausgerufen aus der Welt. Die Welt soll für uns und wir für die Welt gestorben sein. Es ist zwingend erforderlich, dass wir die Botschaft der Heiligkeit in der Gemeinde wiederhergestellt sehen. Mit »Heiligkeit« meine ich nicht nur einen Dresscode, sondern vielmehr das innere Verlangen, umsichtig in der Furcht des Herrn zu wandeln. Die moderne Gemeinde hat in ihrem Verlangen, Resultate zu sehen, zum größten Teil die Botschaft der Abgesondertheit und der Heiligkeit minimiert. Vor Kurzem hat ein Freund von mir, der eine der größten nationalen Gemeinden besucht, angefangen, sich nach einer gescheiterten Ehe wieder mit Frauen zu treffen. Er war schockiert und traurig, herausfinden zu müssen, dass all die Frauen, die er kennenlernte, mehr als alles andere daran interessiert waren, mit ihm ins Bett zu gehen. Das ist das Ergebnis, wenn das Selbst über den Retter erhoben wird.

Denken Sie einmal daran, als David sündigte, indem er die Frau eines anderen Mannes nahm: Batseba. Später wurde er damit vom Propheten Nathan konfrontiert, der das Handeln Davids zusammenfasste, indem er ihm eine Geschichte erzählte. Nathan erzählte die Geschichte eines reichen Mannes, der eine große Anzahl Schafe besaß, und eines armen Mannes, der nur ein einziges kleines Lamm besaß. Ein Reisender kam zu dem reichen Mann und das Endergebnis war, dass der reiche Mann das eine Schaf, das der arme Mann besaß, stahl, um die Bedürfnisse des Reisenden zu befriedigen. Natürlich wissen wir, dass der reiche Mann in der Geschichte David symbolisiert und das einzige Lamm des armen Mannes für Batseba steht.

Ich erinnere mich an einen alten Mann Gottes, der Folgendes zu mir sagte, als ich noch ein junger Mann war: »David, nimm dich vor den ›Reisenden‹ in Acht«. Er meinte damit, dass »Reisende« Gedanken oder Versuchungen sind, die an die Tür unseres Verstandes klopfen. Wie wir auf sie reagieren bestimmt, ob wir ein reines und unbeflecktes Gewissen vor Gott haben oder nicht. In den Sprüchen finden sich viele ähnliche Mahnungen. Eine davon ist das Bild eines törichten Mannes, der den Weg zum Hause der Hure einschlägt, ohne sich dessen bewusst zu werden, dass viele ermordet wurden (s. Spr 7,26), indem sie genau das taten.

Als Jesus seine Jünger lehrte, machte er ihnen klar: *»Wenn aber dein rechtes Auge dir Anlass zur Sünde gibt, so reiß es aus und wirf es von dir! Denn es ist dir besser, dass eins deiner Glieder umkommt und nicht dein ganzer Leib in die Hölle geworfen wird«* (Mt 5,29).

Lassen Sie uns Matthäus 5,27–30 anschauen: *»Ihr habt gehört, dass gesagt ist: Du sollst nicht ehebrechen. Ich aber sage euch, dass jeder, der eine Frau ansieht, sie zu begehren, schon Ehebruch mit ihr begangen hat in seinem Herzen. ... Und wenn deine rechte Hand dir Anlass zur Sünde gibt, so hau sie ab und wirf sie von dir!«* Worauf bezog sich Jesus hier? – Die Hand wird dazu benutzt, physisch zu befriedigen, wobei das Auge die Lust hervorgerufen hat. Durch das Auge werden wir stimuliert, durch die Hand geschieht Beteiligung oder Aktion. Die Hand wird zur Masturbation und ähnlichen Dingen benutzt. Sie sehen also, dass der ganze Kontext hier von sexueller Sünde spricht. Ich werde deshalb so deutlich, weil diese Dinge gesagt werden müssen. Paulus warnt die Korinther davor, sich nicht von dem Gedanken täuschen zu lassen, dass sie immer noch in das Reich Gottes kommen könnten, wenn sie sexuelle Sünde praktizieren.

Im letzten Buch, der Offenbarung, finden wir eine letzte Warnung: *»Wer Unrecht tut, tue noch Unrecht, und der Unreine verunreinige sich noch, und der Gerechte übe noch Gerechtigkeit, und der Heilige heilige* ***sich*** *noch!«* (Offb 22,11).

KAPITEL 6

EMPATHIE/MITLEID

Wie kann der Geist in mir wohnen,
wenn ich nicht von Mitleid bewegt werde?
In Wort und Tat
ist brennende Liebe mein Verlangen:
Ich weiß, ich kann sie in dir finden.

– ALBERT ORSBORN, HEILSARMEE LIEDERBUCH

William Booth, der Gründer der Heilsarmee, erklärte:

> *»Solange Frauen weinen, so wie sie es jetzt tun, werde ich kämpfen; solange Kinder hungrig sind, so wie sie es jetzt sind, werde ich kämpfen; solange Männer ins Gefängnis gehen, rein und raus, rein und raus, so wie sie es jetzt tun, werde ich kämpfen; solange es noch einen Säufer gibt, solange es ein armes, verlorenes Mädchen auf den Straßen gibt, solange noch eine dunkle Seele ohne das Licht Gottes ist, werde ich kämpfen – ich werde kämpfen bis ganz zum Schluss!«*[5]

Ich bin vollkommen davon überzeugt, dass es ein weiterer Schlüssel zur Bewahrung der Salbung des Geistes Gottes ist, die Sanftheit, Güte und Zärtlichkeit aufrechtzuerhalten, die nur entstehen kann, wenn wir dem Geist Gottes ganz intim vertraut werden. Wir müssen seinem Mitleid, seiner Gnade und seiner Liebe fortwährend erlauben, durch uns hindurch- und aus uns herauszufließen. Wieder einmal haben wir das Beispiel

---

5 William Booth, zitiert in J. Evan Smith, *Booth the Beloved* (Oxford University Press, 1949), 123-124.

Jesu – das Modell des Sohnes. In Matthäus 9,36 lesen wir: *»Als er aber die Volksmengen sah, wurde er innerlich bewegt über sie …«*, und in Lukas 19,41 heißt es, dass Jesus, als er sich der Stadt näherte, über sie weinte.

Mit anderen Worten: Jesus war ein Mann, der sich mit den Nöten anderer identifizieren konnte. Er konnte mit denen weinen, die weinten, er konnte mit denen lachen, die lachten, und er war in der Lage zu verstehen, durch was die Menschen hindurchgingen. Wenn wir dieses Mitgefühl oder diese Fähigkeit, mit anderen mitzufühlen, verlieren, werden wir schrittweise zu »Fachkräften«, die zwar wissen, was zu tun ist, es aber ohne ein Herz voller Mitgefühl tun, sondern vielmehr als Pflichterfüllung der Berufung.

DAS HERZ DES HIRTEN

Ich glaube, der Unterschied zwischen einem Hirten und einem Söldner ist der, dass der eine den Schafen gegenüber eine aufrichtige Liebe empfindet, der andere dagegen einfach nur seinen Job macht, weil er weiß, dass er am Ende der Woche Geld dafür bekommt. Ich persönlich möchte niemals nur Fachkraft werden und damit das Herz des Hirten verlieren. Ich möchte in der Lage sein, so zu weinen, wie Jesus weinte, oder noch besser, Jesus erlauben, durch mich zu weinen. Wenn ich innerhalb einer gewissen Zeit in meinem Gebetsleben nicht mehr in der Lage bin, zu weinen oder von Mitleid bewegt zu sein, dann sollte ich mir um den Zustand meines Herzens Gedanken machen. Jesus weinte über Jerusalem, und ich denke, er weint noch immer. Ich glaube, dass er um deine und meine Stadt weint, um deine und meine Nation. Er weint um die Nationen, die immer noch in den Ketten der Dunkelheit gefangen sind.

Die Gemeinde ist gegenüber der Welt um sie herum zu großen Teilen gleichgültig geworden. Wir sehen Männer und Frauen nicht mehr länger als Schafe, die keinen Hirten haben; wir sehen sie einfach nur noch mit unseren natürlichen Augen, wie Experten, schick gemacht und auf dem Weg zu ihren jeweiligen Büros oder Arbeitsplätzen, aber wir sehen nicht darüber hinaus. Jesus sah mehr als nur die äußere Erscheinung. Er sah eine verlorene Generation, eine Generation ohne Führung, eine Generation, die niemand hatte, der sich um sie kümmerte, der ihre Wunden verband, der sozusagen das Öl und den Wein eingoss.

Einer der Gründe, weshalb Jesus die Pharisäer wiederholt tadelte, war die Tatsache, dass sie in Bezug auf einige Teile des Gesetzes äußerst genau waren, wie z. B. den Zehnten, das Fasten und Ähnliches, aber in Bezug auf die *»wichtigeren Dinge«* versagten sie jämmerlich. Ihren Gefolgsleuten gegenüber hatten sie, wenn überhaupt, nur sehr wenig Mitleid. Jesus bat sie inständig: *»Geht aber hin und lernt, was das ist: ›Ich will Barmherzigkeit und nicht Schlachtopfer‹«* (Mt 9,13). Er fährt fort: *»Denn ihr belastet die Menschen mit schwer zu tragenden Lasten …«*, und selbst seid ihr nicht da, um zu helfen; ihr seid nicht da, um sie aufzuheben (s. Lk 11,46). Sie waren harte, grausame Zuchtmeister geworden, die über das Volk Gottes herrschten. Wenn wir dieser religiösen Art der Professionalität Einlass in unser Leben gewähren, können wir genauso gut aus dem Dienst ausscheiden – oder sollten Buße tun.

Wieder und wieder lesen wir im Wort Gottes, wie die Propheten die Hirten wegen ihres Verhaltens gegenüber den Schafen ermahnten, wegen ihrer Gleichgültigkeit, weil sie es versäumten, die Gebrochenen zu verbinden und denen zu helfen, die krank waren. Stattdessen benutzten sie die Herde dazu, ihre eigenen Bedürfnisse zu stillen. Jesus sagte: *»… der gute Hirte lässt sein*

Leben für die Schafe« (Joh 10,11). Herr, bitte schenke uns wirkliche, echte Hirten.

Wir müssen uns selbst in der Liebe Gottes »marinieren«, bis wir zart, mitfühlend, freundlich, gütig und liebevoll werden. Als Gott König Saul ersetzte, tat er dies mit einem Mann, der den Geruch der Schafe an sich hatte. Wenn du »Schafe« nicht liebst, dann vergiss den Dienst. Wenn du so weitermachst, wirst du vor dem Richterstuhl Christi nur Probleme, sowohl für die Herde, als auch für dich, hervorrufen.

Ich liebe die Schriftstelle in 1. Thessalonicher 2, in der Paulus sein Herz offenbart. Er erzählt der Gemeinde, dass er die Macht einer harten apostolischen Autorität über ihnen hätte ausüben können, aber stattdessen hat er sich entschlossen, zart zu sein wie eine Mutter, die ihr Neugeborenes hält. Er drückte seine Liebe ihnen gegenüber aus, indem er zu ihnen sagte, dass er nicht einfach nur als Prediger gekommen sei, sondern als einer, der willens sei, sein Leben für sie hinzugeben. Er teilte ihnen mit, dass er arbeitete, um ihnen nicht zur Last zu fallen; damit konnte er beweisen, dass seine Motivation nicht auf Geldgier basierte. Wow! Hätten wir doch heute einige solche »Apostel«, die sich, statt ständig um Unterstützung zu betteln, um eine Arbeitsstelle bewerben würden.

An anderer Stelle stellt Paulus fest, dass er *»dem Herrn diente ... unter Tränen«* (Apg 20,19). Paulus war in der Lage, wegen der Nöte, die er im Leib Christi sah, von Emotionen übermannt zusammenzubrechen. Er weinte aus einer tiefen Liebe und einem Mitgefühl heraus.

Gott möchte in uns ein Mitgefühl hervorbringen – ein Mitgefühl für die Verlorenen, für die Leidenden, für die, die in Gebundenheiten sind, für die, die weniger Glück haben als wir. Wenn unsere Augen trocken sind, dann ist es auch unser Herz.

»VERSUCHT TRÄNEN«

Mein Vater bezog sich oft auf die Geschichte von William Booth. In der Hochblüte der Heilsarmee begann sie sich auszubreiten und übernahm buchstäblich die Welt ihrer Zeit – wahrhaftig eine der größten missionarischen Bewegungen unserer Zeit. Einige Damen waren ausgezogen, um in einer bestimmten Region zu dienen, nur um dort festzustellen, dass ihnen ein Hindernis nach dem anderen begegnete. Die Menschen waren gleichgültig, die Botschaft wurde nicht angenommen. Sie hatten alles in ihrer Macht Stehende versucht, waren am Ende ihrer Weisheit angekommen und wussten nicht, wo sie als nächstes hingehen und was sie als nächstes tun sollten. Sie hatten das Gefühl, alles gegeben und getan zu haben, was sie konnten, aber sahen nur sehr wenig Frucht.

Voller Verzweiflung schickten sie ein Telegramm an William Booth, in dem sie erklärten: »Wir haben alles versucht. Was sollen wir nun tun?«

William Booth schickte ein Telegramm zurück. Es bestand nur aus zwei Worten: »Versucht Tränen«.

Versuchen Sie Tränen. Wenn alles andere versagt, versuchen Sie es mit Tränen. Erlauben Sie Gott, Sie zu zerbrechen.

Ich denke, eine der schönsten Aussagen, die Paulus je gemacht hat, befindet sich in 2. Timotheus 1,4, wo Paulus seinem Wunsch, Timotheus wiederzusehen, Ausdruck verleiht: *»... voller Verlangen dich zu sehen – eingedenk deiner Tränen –, um mit Freude erfüllt zu werden«.*

Versetzen Sie sich in Timotheus' Lage. Stellen Sie sich vor, Sie sind die Zweitbesetzung bzw. der Lehrling eines großen Mannes Gottes. Dieser Mann war Ihr Mentor. Er ist berühmt und schreibt einen Brief. Und dieser Brief findet seinen Weg ins Internet (wenn ich das einmal ein wenig modernisieren darf).

Nun kann die ganze Welt diesen sehr persönlichen Brief lesen, in dem es heißt: *»eingedenk deiner Tränen«*. Sie würden sicherlich nicht meinen, dass das ein Kompliment ist. In Wahrheit würden Sie wahrscheinlich sagen: »Mann, ich wünschte, er hätte das nicht erwähnt. Das lässt mich als ›Heulsuse‹ dastehen. Ich wünschte, er hätte sowas geschrieben wie ›Eingedenk deines großartigen Predigens. Ich erinnere mich an dein großartiges Lehren. Eingedenk deiner großartigen Fürbitte. Ich erinnere mich an deine großartigen Zeichen und Wunder‹ – das hätte meinen Tag gerettet.«

Dies allerdings ist das größte Kompliment, das Paulus je an irgendjemanden geschrieben hat: »Ich erinnere mich deiner Tränen«. Paulus sagt mit anderen Worten: »Timotheus, wenn ich an dich denke, denke ich an einen mitfühlenden Mann – einen, der dem Geist Gottes gegenüber so sensibel ist, dass er über den Dingen zerbrechen kann, die das Herz Gottes brechen«. Während Paulus und Timotheus auf ihren missionarischen Reisen unterwegs waren, kamen sie in eine Stadt bzw. ein Dorf, und Timotheus spürte das Verlangen des Herzens Gottes für dieses Gebiet. Paulus sah, wie dieser junge Mann in der Gegenwart Gottes zerbrach. Er sah die Tränen, während Timotheus diese Last im Gebet zu Gott emporhob. Es ist also nicht verwunderlich, dass Paulus schreibt: »Timotheus, ich vermisse dich und ich vermisse deine Tränen«. Was für ein wunderschönes Bild!

Gott möchte, dass wir genau das haben. Doch wir können so abgestumpft werden, nicht wahr? So desinteressiert, so gleichgültig gegenüber den Nöten anderer, dass wir sie einfach nur noch als Zahlen sehen – wir behandeln sie wie eine weitere Nummer. Gott sehnt sich danach, uns das Herz eines Hirten zu geben: sein Herz. Ohne Mitgefühl werden wir schlussendlich den Geist Gottes bekümmern und die kostbare Salbung, die durch das Mitgefühl wirkt, verlieren.

Jesus war mit dem Geist Gottes gesalbt. Er sah mit den Augen des Geistes. Wenn wir nicht so sehen, dann müssen wir sagen: »Herr, es gab eine Zeit, in der ich zerbrochen wurde. Es gab eine Zeit, in der ich den Nöten anderer gegenüber sensibel war. Aber irgendwie habe ich das verloren. Bitte stelle in mir ein Herz wie deines wieder her.«

Vielleicht sind Sie ein Zellgruppenleiter, Jugendpastor, Lobpreisleiter usw. und es ist einfach zu einem Teil Ihres Jobs, einer Routine, einem Ritual geworden. Sie nehmen es nicht mehr ernst; Sie haben Ihr Herz für die Schafe verloren. Wenn das auf Sie zutrifft, dann müssen Sie den Herrn bitten, dass er in Ihnen sein Herz für die Menschen wiederherstellt.

PHARAONEN GEGENÜBER VÄTER

Es vergeht kaum ein Monat, in dem ich nicht einen Anruf oder eine E-Mail von jemandem bekomme, der »gehört« werden möchte. Sie suchen nach einem Vater, jemandem, der sich die Zeit nimmt, ihnen zuzuhören und ihnen einen väterlichen Rat oder eine Ermutigung gibt. Vor Kurzem kam mich ein junger Mann besuchen und erzählte mir, dass er und seine Frau sich berufen fühlen, in eine der bedeutendsten Städte an der Ostküste zu gehen. Dieser junge Mann leitete eine sehr große Jugendgruppe. Er war so erfolgreich, dass andere Jugendpastoren zu ihm kamen, um von ihm alles nur irgendwie Mögliche zu lernen. Als er sich an seinen Pastor wandte und ihm seine Last mitteilte, gab dieser ihm zu verstehen, dass er derjenige sei, der den »Ruf« gibt, weil er »der Pastor« sei. Es ist unnötig zu erwähnen, dass der Pastor dieses talentierte junge Paar nicht verlieren wollte und sich deswegen entschied, die Autoritätskarte auszuspielen, um sie zu kontrollieren. Schlussendlich setzte er sie frei, doch sagte er ihnen, dass er nichts mehr mit ihnen zu tun haben wollte – von dem Moment an waren sie auf sich selbst gestellt.

Wie tragisch. Diese Art von Leiter nenne ich Pharao und nicht Vater. Ich bin Gott dankbar, dass er es mir vergönnt hat, von geistlichen Vätern aufgezogen zu werden – Männern, die nie die Autoritätskarte gespielt haben, sondern die versucht haben, mich durch Beispiel, Überzeugung und Gebet zu beeinflussen. Wenn jemand sich entschloss, die Gemeinde zu verlassen, hat einer meiner geistlichen Väter zu mir gesagt: »Ich bin nicht sicher, ob sie die richtige Entscheidung treffen, aber ich möchte sie trotzdem segnen, sodass sie sich immer willkommen fühlen, zurückzukommen, falls die Dinge nicht so ausgehen wie erwartet«.

Ich kann hören, wie einige von Ihnen zu sich selbst sagen: »Dieser Typ glaubt nicht an die geistliche ›Abdeckung‹.« Doch, das tue ich. Aber ich glaube, dass es einen enormen Unterschied zwischen einem Pharao und einem Vater gibt. Hier sind die Unterschiede:

PHARAONEN	VÄTER
Pharaonen haben Sklaven.	Väter haben Söhne.
Pharaonen befehlen.	Väter beraten.
Pharaonen herrschen.	Väter setzen frei.
Pharaonen machen Vorschriften.	Väter kommunizieren.
Pharaonen zerstören und erniedrigen.	Väter disziplinieren.
Pharaonen beseitigen.	Väter stellen wieder her.
Pharaonen unterdrücken.	Väter befreien.
Pharaonen manipulieren.	Väter motivieren.
Pharaonen entmannen.	Väter pflanzen fort.
Pharaonen peitschen aus.	Väter weinen.
Pharaonen wollen Resultate.	Väter wollen Beziehung.
Pharaonen bauen große Städte.	Väter »bauen« großartige Söhne.
Pharaonen sind hartherzig.	Väter sind weichherzig.
Pharaonen fürchten Erfolg.	Väter fördern Erfolg.
Pharaonen wollen Diener.	Väter sind Diener.
Pharaonen beuten Sklaven aus.	Väter beten für Söhne.
Sklaven sterben für Pharaonen.	Väter sterben für Söhne.
Sklaven arbeiten aus Angst.	Söhne arbeiten aus Glauben.
Sklaven arbeiten aus Pflicht.	Söhne arbeiten aus Hingabe.
Sklaven bleiben Sklaven.	Söhne entwickeln sich zu Vätern.
Sklaven hassen Pharaonen.	Söhne lieben Väter.
Sklaven werden entmutigt.	Söhne werden ermutigt.
Sklaven erhalten Tadel.	Söhne erhalten Anerkennung.
Sklaven entwickeln sich zu Menschen, die hassen und verletzen.	Söhne entwickeln sich zu Menschen, die heilen und helfen.
Sklaven haben Nummern.	Söhne haben Namen.
Sklaven feiern den Tod eines Pharaos.	Söhne bedauern den Tod eines Vaters.
Sklaven fliehen.	Söhne kehren zurück.
Sklaven seufzen.	Söhne singen.

KAPITEL 7

DEMUT

Der Anblick von Gottes Herrlichkeit macht demütig. Die Sterne verschwinden, wenn die Sonne erscheint.

– Thomas Watson

Ein demütiger Mann hat einen Vorteil vor dem stolzen Mann: Er kann nicht fallen.

– Edward Marbury

Ein demütiger Sünder ist in einer besseren Verfassung als ein stolzer Engel.

– Thomas Watson

Gottes Wahlbekanntschaften sind demütige Menschen.

– Robert Leighton

Demut. Mit Sicherheit gibt es im Leib Christi keinen größeren Bedarf als den nach wahrhaft demütigen Männern und Frauen Gottes. Die Puritaner haben häufig gesagt: »Stolz ist das *Letzte,* was das Herz eines Menschen verlässt und das *Erste,* was zurückkehrt«.

Während wir Jesus als unser Modell des Sohnes ansehen, beachten Sie die Mahnung, die er jenen erteilte, die ihm folgten: *»Kommt her zu mir, alle ihr Mühseligen und Beladenen! Und ich werde euch Ruhe geben. Nehmt auf euch mein Joch, und lernt von mir! Denn ich bin* ***sanftmütig*** *und ...* ***demütig,*** *und ›ihr werdet Ruhe finden für eure Seelen‹ ...«* (Mt 11,28–29). Eines, was über Jesus gesagt werden kann, ist: Er war ein demütiger Mann. Sein Wesen war das eines

Demütigen. Das Wort *demütig* (im Englischen *humble*) stammt von dem lateinischen Wort *humus* – und wenn Sie Lateinkenntnisse haben (Ich habe drei Jahre lang Latein studiert, aber ob Sie es glauben oder nicht, ich kann mich nicht an eine einzige Sache erinnern.), wissen sie, dass *humus erdig, Dreck, auf dem Boden der Tatsachen* bedeutet. Menschen, die »auf dem Boden der Tatsachen« sind, haben etwas an sich. Sie sind frei von jeder Art der Überlegenheit und des Elitedenkens. Man fühlt sich von ihnen angezogen statt abgestoßen.

Warum ist Demut so wesentlich? – Zuallererst, weil sie ein Markenzeichen der göttlichen Natur ist. Ein weiterer guter Grund ist, dass sich Gott Ihnen ansonsten entgegenstellt. Denn *»Gott widersteht den Hochmütigen, den Demütigen aber gibt er Gnade«* (Jak 4,6).

GOTT WIDERSTEHT DEN HOCHMÜTIGEN

Manche von Ihnen haben vielleicht schon einmal den Namen Francis Frangipane gehört. Oder vielleicht haben Sie einige seiner Bücher gelesen. Er ist ein wunderbarer Lehrer, ein wunderbarer Mann Gottes. Francis legt einen Schwerpunkt auf Fürbitte, geistliche Kampfführung, lehnte es aber immer ab, in eine Stadt zu gehen, wenn die Gemeinden nicht miteinander kooperierten – er glaubte an Einheit. Aufgrund seiner Betonung der geistlichen Kampfführung wurde er oft gefragt, ob er irgendetwas in dieser Stadt gefühlt hätte, in der er gerade war. Fürbitter haben natürlich immer ihre Antennen ausgefahren und achten auf das, was Gott ihnen offenbaren möchte.

Sie fragten Francis: »Spürst du etwas? Wir wissen, dass wir mit irgendeiner Macht konfrontiert sind, dass uns daran zu hindern scheint, was Gott hier tun möchte.« Darauf antwortete Francis, fast schon mit einem Augenzwinkern: »Ja, ich weiß, mit was ihr konfrontiert seid«. Daraufhin wurden sie aufmerksam und hörten genau zu.

»Wirklich, meinst du, du kennst diese Macht?«

»Ja, ich kenne diese Macht«, sagte Francis.

»Wow! Nun, was ist es? Kennst du den Namen?«

»Ja, ich kenne den Namen dieser Macht.«

Zu dem Zeitpunkt waren sie meistens schon sehr beeindruckt und sagten: »Also, dann verrate uns doch den Namen«.

Er sah sie an und sagte: »Die Macht, mit der ihr konfrontiert seid, ist Jahwe«.

Sie sahen ihn an und fragten: »Jahwe? Sagtest du *Jahwe?*«

»Ja, ich sagte Jahwe.«

»Aber das ist doch Gottes Name.«

»Ja, das weiß ich. Gott ist es, der euch widersteht.«

»Aber das macht doch keinen Sinn!?«

»O doch, also für mich macht das absolut Sinn«, erklärte Francis. »Seit ich mich in eurer Mitte befinde, habt ihr darüber gesprochen, wie toll ihr seid. Ihr habt darüber gesprochen, wie großartig eure Denomination und wie toll dieses und jenes ist. Ihr neigt dazu, auf andere und deren Arbeit herabzusehen. Ihr habt dem Stolz erlaubt, Einzug in euer Leben als Gruppe, als Denomination, als Bewegung zu halten. Ihr fühlt euch überlegen; ihr meint, dass ihr größere Erkenntnis und größere Offenbarung habt. Ihr fühlt euch wirklich den anderen gegenüber überlegen.« Und er fuhr fort, indem er sie daran erinnerte, dass *»Gott den Hochmütigen [widersteht] ...«* (Jak 4,6).

STOLZ – DIE WURZEL ALLER SÜNDE

Es gibt diese wachsende Tendenz in uns allen, ob nun gesellschaftlich oder individuell, sich manchmal für etwas Besseres zu halten – ein bisschen besser gebildet, ein bisschen geistlicher bzw. aufopfernder oder was immer man hier einsetzen möchte. Wenn wir aber die Gnade und die frei machende Kraft Gottes in unserem Leben erfahren möchten, dann müssen wir das beachten, was die Bibel sagt: *»Man hat dir mitgeteilt, Mensch, was gut ist. Und was fordert der HERR von dir, als Recht zu üben und Güte zu lieben und bescheiden zu gehen mit deinem Gott?«* (Mi 6,8).

Stolz ist etwas Furchtbares. Er ist die Wurzel aller Sünde. Dennoch ist er eine der Sünden, an die wir uns manchmal gewöhnen. Oft erkennen wir ihn nicht oder übersehen ihn einfach. Beispielsweise machen wir den Fernseher an, vielleicht laufen gerade die Abendnachrichten, und es wird über einen Vergewaltiger oder Serienkiller berichtet und wir denken: *Wie grausam.* Wir sind schockiert und empört bei dem Gedanken. Aber wann haben Sie je die Abendnachrichten angemacht und es wurde über einen bekannten Würdenträger berichtet, der stolz geworden ist? Wir sind daran gewöhnt, dass einige Sünden als abscheulich angesehen werden, während andere Sünden normal oder sogar akzeptiert sind.

Vor Jahren, als ich noch in Neuseeland diente, ging ich in den Buchladen unserer Gemeinde und sofort wurde mir vom Geschäftsführer Bruce ein Buch in die Hand gedrückt. »David«, sagte er, »das musst du lesen. Es wird dir Spaß machen.« Das Buch behandelte in einem Kapitel die größte Sünde Davids. Wenn wir über Davids größte Sünde reden, dann denken die meisten von uns sofort an seine Sünde mit Batseba. Hollywood hat darüber Filme gedreht, die Welt weiß davon. Jeder kennt Davids Sünde mit Batseba. Als Resultat dieser Sünde hat Batseba ihr Baby verloren; es lebte nur kurz, bevor Gott es ihnen nahm.

Aber dies ist nicht die größte Sünde in Davids Leben. Eines Tages, während David in seinem Haus saß, kam der Feind und begann ihn anzustacheln, über seine eigene Kraft und Macht nachzudenken. Bald wurde David von Stolz berauscht, als er versuchte, sich vorzustellen, wer alles unter seiner Autorität stand. Innerhalb von Minuten hatte er Joab vorgeladen und ihn damit beauftragt, eine Volkszählung im ganzen Land Israel vorzunehmen.

Joab erkannte sofort, was David dachte, und bat ihn, damit aufzuhören. David weigerte sich, auf ihn zu hören, und so war Joab gezwungen, den Befehl, der ihm erteilt wurde, auszuführen. Neun Monate später kehrte er mit der von David gewünschten Information zurück. Joab informierte ihn darüber, dass es über eineinhalb Millionen kampffähige Männer gab.

David war nicht an der Art Volkszählung interessiert, mit der Gott Mose beauftragt hatte, sondern fragte nach einer gezielten Volkszählung, aus der hervorging, wie stark er militärisch gesehen ist. David unterlag der List des Feindes, indem er die Augen von Gott und seiner Kraft abwandte und stattdessen auf seine eigene schaute. Kaum hatten die Worte Joabs Mund verlassen, erkannte David die Ausmaße seiner Sünde. *»Ich habe sehr gesündigt ...«*, sagt er. Gott ist böse über das, was David getan hat, und sendet den Propheten Gad aus, um ihm mitzuteilen, was geschehen wird. Gad gibt David drei Wahlmöglichkeiten und David entschließt sich, in die Hände des gnädigen Gottes zu fallen – das Ergebnis davon ist, dass David 70.000 Männer verliert.

Ich werde nie den Tag vergessen, an dem ich erkannte, dass Davids Sünde der *Leidenschaft* ihn ein Leben gekostet hat, aber seine Sünde des *Stolzes* kostete ihn 70.000 Leben! Stolz ist eine schreckliche und abscheuliche Sünde. Wir müssen vor Gottes Angesicht demütig bleiben. Jemand hat einmal gesagt: »Du kannst dich nicht selbst demütigen.«, aber dem stimme ich nicht zu. Die Bibel sagt, dass man sich selbst demütigen kann; es heißt: *»Demütigt euch vor dem Herrn!«* (Jak 4,10). Wissen Sie, Stolz gedeiht, wenn wir unsere Augen vom Herrn abwenden.

Lassen Sie uns einmal annehmen, dass ich Klavier spielen kann, und ich denke, dass ich ziemlich gut bin. Ich hatte fünf oder sechs Jahre lang Unterricht und fühle mich recht sicher in meiner Fähigkeit. Während ich eines Tages spiele, kommt ein weltberühmter Klassikpianist in den Raum. Sobald ich fertig bin, setzt er sich ans Klavier und spielt ein schweres Stück ohne Fehler. Es dauert nicht lange, bis ich erkenne, wie unbedeutend ich im Vergleich zu ihm bin.

So demütigen wir uns selbst, indem wir unseren Blick auf den Einen richten, der Himmel und Erde geschaffen hat; den Einen, der die Sterne beim Namen ruft; den Einen, der über der Erde thront und Herrscher auf nichts reduziert. Es ist schon schwer, sich selbst noch so wichtig zu nehmen, wenn man Gottes Größe im Blick hat, nicht wahr?

Madame Guyon ist mit Abstand eine der bekanntesten Frauen in der Geschichte der Kirche. In dem Buch *Spiritual Writings* gibt sie ihre Einsichten in einige Passagen des 1. Buches Mose weiter: *»In jenen Tagen waren die Riesen auf der Erde, und auch danach, als die Söhne Gottes zu den Töchtern der Menschen eingingen und sie ihnen Kinder gebaren. Das sind die Helden, die in der Vorzeit waren, die berühmten Männer«* (1. Mo 6,4). Guyons Kommentar zu dieser Passage ist folgender:

> *Die Riesen und Monster des Stolzes stammen nur aus der Vermischung des Menschlichen und des Göttlichen. All die berühmten Männer in der Welt waren solche, die der fleischlichen Weisheit, kaschiert durch etwas Geistlichkeit, den Vorrang gaben. O, diese fürchterlichen Monster! Sie werden Menschen sehen, die wegen ihrer natürlichen Talente in ihrer Selbstwahrnehmung so aufgebläht und erhaben wie* ***Riesen*** *sind; zwar haben sie ein paar spirituelle Maxime, sind aber im Grunde völlig im Natürlichen und in heimlicher Selbstüberschätzung verhaftet. Dennoch sind sie außerge-*

wöhnliche Menschen und genießen großes Ansehen. Aber all jene, die durch Selbstverleugnung vollkommen ausgemerzt sind, über sie sage ich: Sie sind unbekannt und werden von anderen Menschen nicht einmal unterschieden. Und wie sollten sie dann neben den ***Riesen*** *gesehen werden, wenn sie doch so klein sind, dass sie neben ihnen wie Ameisen erscheinen, die sie mit Missachtung unter den Füßen zertreten und als unnütze Dinge auf Erden ansehen? Aber, o Gott, du, »der du den Hochmütigen widerstehst und den Demütigen Gnade gibst«, du schüttest im Übermaß über diese kleinen Täler aus, die dazu gemacht sind, aufzufangen, während die pompösen und prächtigen Berge nicht einen Tropfen empfangen können, ohne dass er weiter auf diese Kleinen herabfließt, die sich selbst umso unwürdiger erachten, je mehr sie gefüllt werden.*[6]

In Lukas Kapitel 10 kommen die Jünger am Ende eines arbeitsreichen Tages zurück und sind ganz aufgeregt, und zwar aus folgendem Grund: Sie haben erlebt, wie unzählige Menschen von dämonischer Besessenheit befreit wurden. Lukas 10,17 sagt: *»Die Siebzig aber kehrten mit Freuden zurück und sprachen: Herr, auch die Dämonen sind uns untertan in deinem Namen«.* Ich denke mir, dass dies ein großer Tag für diese Jünger war. Sie hatten Jesus dabei zugesehen, wie er regelmäßig Dämonen austrieb, und nun war ihnen die Autorität gegeben worden, sie auch auszutreiben. Am Ende des Tages kamen sie zurück und konnten es kaum erwarten, dem Herrn die gute Nachricht mitzuteilen: *»Herr, auch die Dämonen sind uns untertan in deinem Namen«* (Lk 10,17). Im Grunde genommen sagten sie: »Herr, wir hatten heute eine super Zeit. Es war wunderbar! Du kannst dir nicht vorstellen, wie viele Dämonen wir ausgetrieben haben.«

---

6 Jeanne Guyon, *Spiritual Writings of Madame Guyon* (Seedsowers, 1982), 258.

Jesus schaut sie an und antwortet: »*Ich schaute den Satan wie einen Blitz vom Himmel fallen. Siehe, ich habe euch die Macht gegeben, auf Schlangen und Skorpione zu treten, und über die ganze Kraft des Feindes, und nichts soll euch schaden. Doch darüber freut euch nicht, dass euch die Geister untertan sind; freut euch aber, dass eure Namen in den Himmeln angeschrieben sind!*« (Lk 10,18–20). Jesus sagte: »*Doch darüber freut euch nicht*«. Warum? – »Weil ich Satan vom Himmel herabfallen sah.«

So wie ich das verstehe – und das kann falsch sein –, ist es so, dass Jesus sagte: »Hört mal. Erlaubt dem Stolz nicht, Einzug zu halten, denn genau das, was nun in euch zu arbeiten beginnt, dieses Gefühl von Kraft, Autorität und *Überlegenheit* ist es, was dazu geführt hat, dass Satan aus dem Himmel hinausgeworfen wurde. Ich war dort. Ich habe gesehen, wie es passiert ist. Also freut euch nicht daran – freut euch einfach daran, dass euer Name in das Buch des Lebens des Lammes eingeschrieben ist.«

Die Ehre gehört niemals uns. Wir können niemals die Lorbeeren dafür einheimsen, was wir erreicht haben, denn allein durch die Gnade Gottes können wir überhaupt etwas machen. Es geschieht alles, weil er durch uns wirkt. In uns und durch uns selbst haben wir nichts, womit wir angeben könnten.

DENKEN SIE DARAN: ES GEHT NICHT UM SIE

Ein Freund von mir erzählt diese Geschichte von den Farmtieren, die am Ende des Tages über ihre Tagesaktivitäten berichten. All die Tiere versammeln sich im Stall und der Hahn beginnt: »Ich war vor allen anderen auf und habe den neuen Tag angekündigt«. Dann gibt die Kuh einen Bericht darüber, wie sie »den Farmer treu mit Milch versorgt hat«. Einer nach dem anderen erzählt von seinen Ereignissen des Tages.

Währenddessen wartet der Esel geduldig und geht auf und ab. Schlussendlich ist er an der Reihe und er ruft aus: »Ihr könnt euch meinen Tag nicht vorstellen. Es war der größte Tag meines Lebens! Ich wünschte, ihr wärt dabei gewesen und hättet mich gesehen. Ich kann immer noch nicht fassen, was geschehen ist.« Alle hörten voller Staunen zu, während er erzählte: »Heute bin ich die Hauptstraße von Jerusalem entlanggegangen. Tausende und Abertausende Menschen standen am Straßenrand. Sie hatten Palmwedel in der Hand, wedelten mir damit zu und riefen: ›Hosanna, hosanna‹. Also, das war wirklich unglaublich! Ich habe mich so geliebt, so angebetet und so wichtig gefühlt. Diesen Tag werde ich mein Leben lang nicht vergessen.«

Mein Freund beendet die Geschichte, indem er sagt: »Das Problem ist, dass der Esel vergessen hat, wer auf seinem Rücken ritt«.

Manchmal sind wir in unserem Dienst genauso, nicht wahr? Wir fangen an zu denken, dass sich alles nur um uns dreht und was wir getan haben. Dabei vergessen wir, dass es die Salbung des Geistes Gottes ist, die auf uns ruht – und ohne sie könnten wir absolut nichts tun. Wir nehmen die Ehre so gerne für uns selbst, nicht wahr? Wir beginnen zu denken, dass wir ein kleines bisschen besser sind als alle anderen. Gott hasst so etwas. Das ist nichts anderes als fauliger alter Stolz.

Eines Tages stolzierte Nebukadnezar auf dem Dach seines Palastes umher und bewunderte alles, was er gebaut und erreicht hatte. *»Ist das nicht das große Babel, das ich durch die Stärke meiner Macht und zur Ehre meiner Herrlichkeit zum königlichen Wohnsitz erbaut habe?«* (Dan 4,27). Sofort sprach Gott zu Nebukadnezar und informierte ihn darüber, dass seine Herrschaft von ihm genommen würde und dass er seinen Platz unter den wilden Tieren des Feldes finden würde, bis er erkennt, dass Gott allein ihm die Fähigkeit gegeben hat, all das zu tun, was er tat.

Genauso müssen auch wir, wenn wir die Salbung erhalten möchten, immer wieder erkennen, dass wir keinen Verdienst an dem von uns Erreichten haben. Vielmehr müssen wir dem Einen die Ehre geben, dem sie gebührt.

Es ist so einfach, vor allem im Dienst für Gott, sich nach einer gewissen Zeit so zu fühlen, als sei man einfach ein klein wenig maßgebender oder wichtiger als andere. Heutzutage haben wir natürlich das Wiederaufleben des fünffältigen Dienstes: Apostel, Prophet, Evangelist, Hirte und Lehrer. Und auch wenn ich der Ansicht bin, dass Gott das Verständnis der Gemeinde für die wichtige und grundlegende Rolle, die jeder spielt, wiederherstellt, hasse ich es fast, das zu beobachten – weil nämlich jeder nun die Anerkennung und das Gefühl der Befugnis möchte, die seiner Meinung nach damit einhergeht.

Im Verlauf der letzten paar Jahre haben wir eine wachsende Betonung des fünffältigen Dienstes gesehen. Es begann mit der Wiedererkennung des prophetischen Dienstes, und wir brachten scheinbar über Nacht eine Myriade neuer »Propheten« hervor. Seit diesem Zeitpunkt haben wir gesehen, wie das Erscheinen des apostolischen Dienstes an Kraft und Beliebtheit gewinnt.

Innerhalb weniger Tage habe ich zwei E-Mails empfangen. Die eine ist eine ernst gemeinte Anfrage mit der Bitte, für Amerika zu beten, kurz vor der Invasion in den Irak damals. Diese E-Mail drängt die Gemeinde, dazu vierzig Tage lang zu beten und zu fasten. Sie war von einer Frau unterschrieben, die sich selbst »Nationaler Apostel« nennt. Meine Bedenken sind, dass ich gesehen habe, wie diese Frau sich von einer demütigen Fürbitterin zu einer Generalin von Fürbittern, dann zu einer prophetischen Rolle und nun zu einem »Nationalen Apostel« entwickelt hat. Was kommt als nächstes? »Papst«? Was mich betrifft, würde ich gerne das Aufleuchten von ein wenig Demut in einigen dieser Super-Heiligen sehen. Immerhin, hat Jesus nicht gesagt: *»... wer von euch der Erste sein will, soll aller Sklave sein«* (Mk 10,44)?

Auch wenn die erste E-Mail meinen Geist bekümmerte, so gab mir die zweite doch Hoffnung, dass noch nicht alles verloren ist. Erlauben Sie mir, den ersten Teil dieser E-Mail Ihnen mitzuteilen:

> *»Ich bin nur ein kleiner Prediger im Dreck. Ich bin nur ein kleiner Diener im Dreck. Ich sitze nur mit Menschen, mit den Armen im Dreck, nichts Besonderes. Ich glaube, dass Erweckung ein Gesicht hat. Der Herr hat mir eine Lebensbotschaft gegeben. Er sagte: ›Heidi, Erweckung hat ein Gesicht‹, und er gab mir die Geschichte des barmherzigen Samariters. Er sagt: ›Erweckung hat ein Gesicht. Du musst das Gesicht sehen. Du musst das Gesicht sehen.‹ Und so hat er mich zu einer Nation gebracht, von der ich nichts wusste. Ich kannte deren Sprache nicht, ich wusste gar nichts. Er hat mich zu den Armen gesetzt. Um genau zu sein, sitze ich seit zwanzig Jahren bei den Armen.«*

Was für ein Unterschied doch zwischen diesen beiden E-Mails besteht! Beide Frauen sind sehr bekannt. Die eine ist in Mosambik und ich kann ihren Namen erwähnen, weil sie demütig ist und dafür meine Anerkennung bekommt. *»Demütigt euch vor dem Herrn! Und er wird euch erhöhen«* (Jak 4,10). Also lasst mich sie erhöhen. Heidi Baker ist eine unglaubliche Frau Gottes. Falls Sie sie jemals gehört haben: Sie rührt einen einfach zu Tränen. Ich hatte das Vorrecht, gemeinsam mit ihr in Idaho zu dienen. Die Versammlungen wurden in einem Stall, einem wirklich buchstäblichen Stall, auf dem Festplatz des Landkreises abgehalten. Der Viehstall hatte keine Klimaanlage und es waren circa 35 °C. Auf dem Boden lag Stroh und die Menschen brachten ihre eigenen Stühle mit, um darauf zu sitzen. An den beiden Enden des Stalles waren zwei riesige Türen, die offenblieben, damit ein wenig frische Luft hineinkommen konnte. Während der gesamten Versammlung flogen Tauben rein und setzten sich über unsere Köpfe. Es war buchstäblich der verrückteste Ort, an dem ich jemals in Amerika gedient habe – und doch war es eine der besten Konferenzen, an der ich je teilgenommen habe.

Heidi war von Mosambik dorthin geflogen, nur um zwei Tage zu sprechen und dann wieder zurückzufliegen. Ich war von Beginn an von ihrer Demut beeindruckt, wie sie sich einfach ins Stroh setzte, ihr Gesicht zum Herrn erhob und seine Hilfe suchte. Sie und ihr Mann Roland sind vom Herrn gebraucht worden, um einige tausend Gemeinden in ganz Mosambik aufzubauen. Sie haben einige der unglaublichsten Wunder erlebt und einige der Geschichten, die sie erzählen, sind schier unglaublich.

Aber beachten Sie die Art, wie sie ihre E-Mail beginnt: »Ich bin nur ein *kleiner* Prediger im Dreck«. Kein Wunder, dass Gott ihr so viel Autorität anvertrauen kann.

Ich mache mir große Sorgen um diese ganze Art, wie Männer und Frauen gerne ihre »Berufung« hervorheben. Wie die Pharisäer in früheren Zeiten lieben sie es, »Apostel«, »Prophet« usw. genannt zu werden. Was ist denn mit »DIENER«?

Lassen Sie uns immer an die Worte des Größten von ihnen allen denken, der sagte: *»... lernt von mir! Denn ich bin sanftmütig und von Herzen demütig ...«* (Mt 11,29).

Betrachten Sie den folgenden Bericht von George Whitefield, der von vielen als der größte Prediger des 18. Jahrhunderts angesehen wird. Noch heute werden seine Botschaften von Tausenden und Abertausenden Predigern auf der ganzen Welt gewürdigt.

Die Gemeinden sind zu klein

> *Mittwochabend war die Bow Church in Cheapside äußerst voll. Ich habe meine Predigt über »Frühe Frömmigkeit« gehalten und sie auf Bitten der Gesellschaft gedruckt. Die folgenden drei Monate hörte der Strom der Menschen, die kamen, um das Wort Gottes zu hören, nicht auf. ... Tausende gingen wieder von den größten Gemeinden weg, weil kein Platz mehr war. Sie haben ihre volle Aufmerksamkeit gegeben und zugehört, wie Menschen, die um die Ewigkeit besorgt sind.*
>
> *Ich habe nun neun Mal die Woche gesprochen. Die frühen Versammlungen waren wunderbar. Sonntagsmorgens, lange bevor der Tag begann, konnte man ganze Straßen voller Menschen sehen, die alle zur Gemeinde gingen. Mit Laternen in der Hand unterhielten sie sich über Gott. ... Ich habe immer gesprochen, ohne Lohn dafür zu erhalten.*
>
> *Die Flut der Popularität wurde immer größer. Ich konnte nicht mehr, wie vormals, zu Fuß gehen, sondern musste in einer Kutsche von Ort zu Ort gehen, um die lauten »Hosanna«-Rufe der Massen zu vermeiden. Sie wurden in ihrem Beifall ziemlich extravagant. Wäre nicht mein mitfühlender Jesus gewesen,* ***hätte mich die Popularität zerstört.*** *Ich bat ihn immer, mich an der Hand zu nehmen und unversehrt durch den feurigen Ofen zu leiten. Er hat meine Bitte gehört und mir erlaubt, die Eitelkeit allen Applauses, außer seines eigenen, zu sehen.*[7]

Wer würde heute noch bei einer solchen Art des Erfolges von einem »feurigen Ofen« sprechen? Heutzutage würden die meis-

---

7 John Wesley, *The Nature of Revival* (Bethany House Publishers, 1987), 68.

ten von uns diese Art des Applauses genießen und wären sich des subtilen und hinterlistigen Giftes des Stolzes nicht bewusst. Der Psalmist drückt dies so treffend mit den folgenden Worten, die er geschrieben hat, aus: »*Nicht uns, HERR, nicht uns, sondern deinem Namen gib Ehre ...*«.

Ich möchte dieses Kapitel abschließen, indem ich einen Brief weitergebe, der von Madame Guyon an einen unbekannten Adressaten geschickt wurde.

Briefe von Madame Guyon

DEMUT – DIE AUSWIRKUNG DER LIEBE

Ich versichere dir, dass du mir sehr lieb bist. Ich erfreue mich sehr an der Entwicklung deiner Seele. Wenn ich von Entwicklung spreche, ist es beschwerend, nicht anhebend. Wenn wir ein Schiff beladen, sinkt es immer tiefer, je mehr Ballast wir aufladen, und ebenso, je mehr Liebe wir in der Seele haben, desto tiefer sind wir in uns gedemütigt. Wenn die Maßstäbe hoch hinausragen, ist es leer; und so ist die Seele nur dann erhöht, wenn ihr die Liebe fehlt. »Die Liebe ist unser Gewicht«, sagt Augustinus. Lass uns so mit dem Gewicht der Liebe anfüllen, dass unser Selbst auf den rechten Level hinabgebracht wird. Lass seine Tiefen sich manifestieren in unserer Bereitschaft, das Kreuz zu tragen, die Demütigung, die Leiden, die zur Reinigung der Seele nötig sind. Unsere Erniedrigung ist unsere Erhöhung. »Wer auch immer der Niedrigste unter euch ist, der wird der Größte sein«, sagt unser Herr.

Ich liebe dich, mein liebes Kind, in der Liebe des göttlichen Herrn, der sich selbst in Liebe erniedrigte! O, was für ein Gewicht ist die Liebe, dass sie einen so erstaunlichen Fall vom Himmel auf die

Erde hervorbrachte - von Gott zum Menschen. In »Imitation of Christ« (»Nachahmung Christi«) *gibt es diese wunderschöne Passage »Love to be unknown« (»Liebe es, unbekannt zu sein«). Lass uns allem sterben außer Gott.*[8]

Um die Salbung am Leben zu erhalten, brauchen wir Demut.

---

8 Madame Guyon, *Spiritual Writings* (Goleta, CA: Christian Books, 1982), 22.

KAPITEL 8

ANBETUNG

Gott errettet Menschen, um sie zu Anbetern zu machen. Faszination ist ein weiteres Element wahrer Anbetung. Mit moralischer Begeisterung erfüllt zu sein. Gefangen, entzückt und bezaubert zu sein. Ganz aus dem Häuschen zu sein, nicht aufgrund der Tatsache, wie groß man wird oder wie groß das Angebot war. Nicht aufgrund der Zahl der Menschen, die zur Gemeinde kamen. Sondern davon bezaubert zu sein, wie Gott ist, und aufgrund der unfassbaren Ansicht und Größe und Pracht des allmächtigen Gottes völlig verwundert zu sein.

– *A. W. Tozer*

Es ist ein großer Fehler, so davon erfüllt zu sein, für Gott zu leben, dass man keine Zeit mehr hat, mit Gott zu leben, ihn zu bewundern, ihm zuzuhören, ihn anzubeten und bewusst in seiner Liebe zu ruhen.

– *Heilsarmee,*
»Chosen to Be a Soldier«

Wir kommen nun zur allerersten Priorität des christlichen Lebens: Anbetung. *»Du sollst den Herrn, deinen Gott, anbeten und ihm allein dienen«* (Mt 4,10). *»... du sollst den Herrn, deinen Gott, lieben aus deinem ganzen Herzen und aus deiner ganzen Seele und aus deinem ganzen Verstand und aus deiner ganzen Kraft!«* (Mk 12,30). Anbetung ist eine der seltensten Aktivitäten in der Gemeinde. Wir wissen wirklich so wenig darüber. Vor etwa zehn Jahren habe ich eine kleine Untersuchung darüber gestartet, was wahre Anbetung beinhaltet.

Wir haben uns angewöhnt, die Worte »Lobpreis« und »Anbetung« austauschbar zu verwenden. Wir schmeißen mit diesen Begriffen um uns: »Wir haben heute Abend einen neuen Anbetungsleiter. Lasst uns ihn mit einem Applaus willkommen heißen.« Oder: »War das heute nicht eine wunderbare Zeit des Lobpreises?« Und so gewöhnen wir uns daran, die Worte auf diese Weise zu verwenden. Dennoch denke ich, dass es einen Unterschied zwischen Lobpreis und Anbetung gibt.

Mein Vater hat immer gesagt: »Gebet ist die Beschäftigung mit unseren Nöten; Lobpreis ist die Beschäftigung mit unseren Segnungen und Anbetung ist die Beschäftigung mit Gott allein«. Gebet ist die Beschäftigung mit unseren Nöten: »Gott, heile mich.«; »Gott, segne mich.«; »Gott, schütze mich.«; was auch immer unsere Nöte sind, wir bringen sie vor Gott. Das ist Gebet.

Lobpreis hingegen ist die Beschäftigung mit unseren Segnungen: »Danke, dass du mich geheilt hast.«; »Danke, dass du mich gesegnet hast.«; »Danke, dass du über mir gewacht hast.«; »Danke ...« für was auch immer, was Gott für uns getan hat.

Doch Anbetung ist die Beschäftigung mit Gott, ganz egal, wie unsere Umstände sind. Es wird Sie vielleicht überraschen zu erfahren, dass die größten Akte der Anbetung im Wort Gottes niemals mit Musik in Zusammenhang standen. Lassen Sie mich das noch einmal wiederholen: Die größten Akte der Anbetung im Wort Gottes standen niemals im Zusammenhang mit Musik. Nun, das heißt nicht, dass Sie nicht mit Musik anbeten können. Was ich sage ist einfach, dass es keine unbedingte Notwendigkeit ist, Musik zu haben, um anzubeten. Anbetung geht weit über das musikalische Gebiet hinaus; sie beschäftigt sich mit der Einstellung Gott gegenüber, aber beschäftigt sich auch mit meinem Herzen und deckt bestimmte Dinge auf.

Lassen Sie uns Lukas, Kapitel 17 betrachten, eine meiner Lieblingsbibelstellen:

»Wer aber von euch, der einen Sklaven hat, der pflügt oder hütet, wird zu ihm, wenn er vom Feld hereinkommt, sagen: Komm und leg dich sogleich zu Tisch? Wird er nicht vielmehr zu ihm sagen: Richte zu, was ich zu Abend essen soll, und gürte dich und diene mir, bis ich gegessen und getrunken habe; und danach sollst du essen und trinken? Dankt er etwa dem Sklaven, dass er das Befohlene getan hat? Ich meine nicht. So sprecht auch ihr, wenn ihr alles getan habt, was euch befohlen ist: Wir sind unnütze Sklaven; wir haben getan, was wir zu tun schuldig waren« (V. 7-10).

Nun, beachten Sie das Bild: Hier sind ein Herr und ein Sklave. Der Sklave ist in zwei verschiedenen Arten von Arbeit involviert; entweder pflügt er oder hütet die Schafe. Mit anderen Worten: Er dient den Interessen des Herrn. Es gibt zwei hauptsächliche Arten des Dienstes: den *evangelistischen* und den *pastoralen.* Der evangelistische Dienst beinhaltet das Pflügen der Felder, Hinausgehen, an Türen Klopfen, den brachliegenden Boden Aufbrechen und Säen der Saat – und ebenso Gebet und Fürbitte. Die pastorale Seite des Dienstes beinhaltet die Betreuung der Herde, ebenso Ermutigen, Nähren, Lehren, Beraten und Fürsorge. Und so haben wir zwei hauptsächliche Aspekte des Dienstes.

WIR SIND GESCHAFFEN WORDEN, UM DEM HERRN ZU DIENEN

Stellen Sie sich selbst als der Sklave vor, der dem Herrn dient. Sie kommen am Ende des Tages müde und geschafft heim. Sie möchten sich einfach nur hinsetzen, sich zurücklehnen und etwas zu essen haben. Aber dann ruft Sie Ihr Herr: »Bevor du irgendetwas anderes tust, geh, räume auf, zieh dich anständig an und mache etwas zu essen für mich; danach kannst du essen!«.

Nun, Sie könnten jetzt, wenn Sie das wären, ein wenig genervt sein, oder? Immerhin haben Sie Ihrem Herrn draußen im eiskalten Regen oder der sengenden Hitze gedient, während er den ganzen Tag in seinem gemütlichen Heim saß. Sie könnten bei sich selbst denken: »Das sind nicht meine Schafe, das sind seine Schafe; das ist nicht mein Feld, das ist sein Feld«. Am Ende des Tages würden die meisten von uns zu sich selbst sagen: »Jetzt gib mir doch mal ein wenig Zeit für mich selbst«. Aber beachten Sie, dass die Nöte des Herrn in dieser Geschichte vor allem anderen stehen. Dies ist ein wahres Bild der Anbetung. Ich glaube, es war Robert Murray McCheyne, der einmal gesagt hat: »Kein Dienst im Königreich kann die Vernachlässigung des Königs aufwiegen«.

Anbetung bedeutet, uns angemessen darauf vorzubereiten, in seine Gegenwart zu kommen, und uns dann in demütiger Bewunderung, aus keinem anderen Grund als Gott selbst, vor ihm zu beugen. Ja, wir sind vielleicht mit dem Leiten eines Hauskreises oder einer Zellgruppe beschäftigt, dem Lehren im Bibelstudium oder dem Zeugnis geben auf der Straße; aber unsere höchste Berufung und erste Priorität ist Gott selbst.

Anbetung heißt zur Seite zu treten und in die Gegenwart Gottes zu kommen, anständig angezogen, gewaschen, vorbereitet zu sein, mit dem Wunsch, die Bedürfnisse unseres Herrn zu stillen. Es gibt keine höhere Berufung; es ist die eine ewige Berufung der Gemeinde. Nachdem all das Planen der Gemeinde, all das Evangelisieren, all das Prophezeien, all die Zeichen und Wunder vollendet sind, Millionen von Jahren von unserer jetzigen Zeit entfernt, werden wir noch immer in Anbetung versunken sein. Es ist sinnvoll, dass wir etwas über Anbetung lernen – oder etwa nicht?

Bevor ich das Teenageralter erreicht hatte, fing mein Vater an, zwischen England und den USA hin- und herzureisen. Er war Wochen, wenn nicht sogar Monate von zu Hause fort. In den frühen 1950er Jahren wurde er gebeten, für A. W. Tozer zu dienen, der zu der Zeit als Pastor in Chicago war. Mitten in der Nacht ging der Feueralarm in dem Hotel los, in dem mein Vater wohnte. Mein Vater öffnete seine Tür und bemerkte, dass der Flur voller Rauch war. Es gab keinen Fluchtweg. Er schloss die Tür und ging zu einem Fenster – er befand sich im dritten oder vierten Stock. Er öffnete das Fenster und sprang hinaus. Auf dem Weg nach unten gab ihm Gott einen Vers: »Du wirst nicht sterben, sondern leben und die Herrlichkeit des Herrn verkündigen« (s. Ps 118,17). Sekunden später traf er auf dem Boden auf, zertrümmerte sich seine Füße, brach ein Bein dreifach, das andere zweifach und brach seinen Rücken zwei oder drei Mal. Nachdem er einige Zeit dort gelegen hatte, wurde er ins Krankenhaus gebracht, wo sie ihn im Eingangsbereich mit einem Tuch bedeckt unbeachtet stehen ließen. Nach kurzer Zeit hörte er zwei der Ärzte sagen: »Lasst ihn. Der wird sterben.«

Mein Vater hatte gerade genug Kraft, das Tuch zur Seite zu ziehen und zu fragen: »Sprechen Sie über mich?«. Zu diesem Zeitpunkt war er 44 und er starb erst mit 87. Während mein Vater im Krankenhaus war, wurde er vom Kinn bis zu den Zehen eingegipst. Eines Tages bemerkte er, wie er sich ein wenig beschwerte: »Herr, du hast gerade angefangen, Türen für den Dienst zu öffnen, aber was nutze ich jetzt? Ich kann nicht predigen. Ich kann noch nicht mal meine Bibel lesen.« Er hatte so eine Art Selbstmitleidsparty, als er den Geist Gottes sagen hörte: »Du kannst lernen anzubeten. Du kannst lernen anzubeten.«

Erinnern Sie sich daran, dass Gottes Wert immer derselbe ist und damit auch unsere »Anbetung« immer dieselbe sein soll, ganz egal, wie die Umstände aussehen. Es gibt ein altes Gesetz der Bibelauslegung, das lautet: »Gesetz der ersten Erwähnung«.

Viele der alten Lehrer und Kommentatoren beziehen sich darauf. Es bedeutet einfach, dass eine Wahrheit an der Stelle, an der sie das erste Mal in der Bibel erwähnt wird, normalerweise sehr wichtige Informationen darüber preisgibt, wie diese »Wahrheit« fortan verstanden werden soll. Das allererste Mal, dass »Anbetung« jemals im Wort Gottes erwähnt wird, ist in Zusammenhang mit dem Leben Abrahams.

An diesem Punkt ist Abraham schon immer und immer wieder vom Herrn getestet worden. Er hat dem Herrn seine Bereitschaft, Vater und Mutter zu verlassen, gezeigt. Er hat seine Verwandten zurückgelassen, sein Zuhause und sein Land, um dem Herrn, seinem Gott, zu folgen. Die Jahre sind ins Land gezogen und Abraham ist der Vater von Isaak geworden. Der Junge fängt an, sich zu entwickeln, und Abraham und Isaak haben eine wunderbare Beziehung aufgebaut.

Eines Tages sieht Gott hinab und sieht Abraham und Isaak gemeinsam. Er sagt: »Abraham, komm her. Ich möchte, dass du deinen Sohn nimmst, deinen einzigen, den du liebst, und ihn auf den Altar legst« (s. 1. Mo 22,1–2). Direkt im anschließenden Vers sagt die Bibel uns, dass *»sich Abraham früh am Morgen auf[machte]«*. Was für eine wunderschöne kleine Bemerkung. O, wenn es jemals einen Morgen gegeben hat, um auszuschlafen, so war es dieser Morgen. Wäre ich an seiner Stelle gewesen, so hätte ich am Abend zuvor die Fensterläden zugemacht, ein paar Schlaftabletten genommen, dann die Decke über meinen Kopf gezogen und versucht, das Unausweichliche hinauszuschieben.

Aber nein, nicht so Abraham. Er springt früh am Morgen aus dem Bett, sattelt seinen Esel, bereitet das Holz vor, nimmt einige seiner Sklaven und beginnt eine dreitägige Reise. Nach drei Tagen des Reisens spricht Gott: »Dies ist der Ort«. Abraham dreht sich zu seinen Sklaven um und sagt zu ihnen: *»Bleibt ihr* *mit dem Esel hier! Ich aber und der Junge wollen dorthin gehen und anbeten ...«.* Dies ist die erste Erwähnung von *Anbetung* in der Bibel; da sind kein Chor, keine Instrumente, keine Stimmen – nur radikaler Gehorsam.

Nachdem er den Altar errichtet und Isaak darauf gelegt hat, erhebt Abraham sein Messer, um seinen Sohn zu schlachten. Plötzlich verkündet Gott vom Himmel: *»Strecke deine Hand nicht aus nach dem Jungen, und tu ihm nichts! Denn nun habe ich erkannt, dass du Gott fürchtest, da du deinen Sohn, deinen einzigen, mir nicht vorenthalten hast«* (1. Mo 22,12). Beachten Sie: Dieses Mal, als Gott sich auf Isaak bezieht, fügt Gott nicht an »den du liebst«. Der Grund dafür ist, dass Gott nun wusste, dass Abrahams Liebe zu ihm größer war als die Liebe zu Isaak. Sehen Sie, was auch immer Sie *zurückhalten* ist das, was Sie *anbeten.* Was auch immer Gott in Ihrem Leben nicht haben kann, ist Ihnen wichtiger als Gott selbst. »Weil du nichts zurückgehalten hast, will ich dich segnen« (s. 1. Mo 22,16–17). Wenn Sie die Segnungen Gottes möchten, kann es kein Zurückhalten geben. Wenn Sie Ihr Geld zurückhalten, lieben Sie Ihr Geld mehr als Gott. Wenn Sie eine Freundschaft zurückhalten, so lieben Sie diese Freundschaft mehr als Gott. Was auch immer es ist, was Sie zurückhalten, ist schlussendlich das, was Sie anbeten.

Anbetung führt also direkt zur Wurzel dessen, wer wir sind, zu unserer Beziehung mit Gott. Webster definiert *Anbetung* in der 1828er-Ausgabe des Wörterbuches: *zu ehren mit übergroßer Liebe und extremer Hingabe.* Das ist seine Definition. *Anbeten* bedeutet *mit übergroßer Liebe und extremer Hingabe ehren.* Also, ich würde sagen, das dies auf Abraham zutraf; es zeigt übermäßige Liebe, seinen einzigen Sohn hinzugeben und extreme Hingabe, willens zu sein, das Messer zur Hand zu nehmen, um die Freude seines Lebens zu töten.

BEISPIELE FÜR ANBETER IN DER BIBEL

Ich habe im Wort Gottes nach dem besten Beispiel eines Anbeters geschaut. Ich liebe das Herz Davids, den wir alle als den größten Anbeter des Alten Testamentes ansehen. Ich bin zu dem Schluss gekommen, dass Davids größter Akt der Anbetung stattfand, nachdem er Ehebruch mit Batseba begangen hat und Vater ihres Kindes geworden war (s. 2. Sam 12,15–25). Kurz nach der Geburt ihres Sohnes wurde das Baby mit Fieber geschlagen und David zog sich zurück, um für das Kind zu beten. Sieben Tage lang schien er im Gebet mit Gott zu ringen, das Leben seines Sohnes zu verschonen. Am siebten Tag starb das Kind. Ich kann mir vorstellen, dass David auf Gott hätte sauer sein können. Er hätte sagen können: »Hör mal, ich dachte, wir haben diese Rechnung beglichen«. In Psalm 51,6+9 ist wiedergegeben, was David sagte: *»Gegen dich, gegen dich allein habe ich gesündigt und getan, was böse ist in deinen Augen ... Entsündige mich mit Ysop, und ich werde rein sein; wasche mich, und ich werde weißer sein als Schnee«.*

David hätte sagen können: »Herr, ich dachte, wir haben uns damit auseinandergesetzt. Immerhin, du weißt, dass dieses Kind nicht gesündigt hat. Ich habe gesündigt und ich dachte, du hast mir vergeben.« Er hätte eine theologische Debatte haben können; er hätte geistlich gesehen einen Wutanfall haben können – aber das hat er nicht. Die Bibel spricht davon, dass er aufstand, in sein Zimmer ging, sich wusch, fertig machte, direkt wieder in die Gegenwart Gottes zurückkehrte, auf seine Knie ging und anbetete. Da war keine Musik – nur völlige Hingabe vor Gott. Die Bibel stellt klar: *»... vollkommen ist sein Tun ...«* (5. Mo 32,4) und: »Der Ton kann nicht zu dem Töpfer sagen: Warum?«.

David ist nicht dort, um Gott Fragen zu stellen; er ist einfach da, um sich zu beugen und zu sagen: »Herr, du bist richtig in allen deinen Wegen. Du bist perfekt in allen deinen Wegen.«

Was für ein wunderschönes Bild der Anbetung. Ja, es hat etwas gekostet. Ja, es tat David weh. Aber David wusste, dass Gott seiner Anbetung trotz aller Umstände immer noch genauso wert war.

Ich bin zu dem Schluss gekommen, dass der größte Akt der Anbetung in der Geschichte bei Hiob gefunden werden kann. Sie kennen sicherlich die Geschichte, wie der Teufel Gott eines Tages einen Besuch abstattete. Ich denke, das ist vermutlich irgendwie so ähnlich abgelaufen. Als der Teufel schon dabei war zu gehen, sagte Gott: »Ach, übrigens, bevor du gehst, Teufel, siehst du den Mann da drüben? Erkennst du ihn?«

Der Teufel sagte: »Sollte ich?«

Gott antwortete: »Ja.«

»Aber ich erkenne ihn nicht«, sagte der Teufel.

»Das dachte ich mir fast. Das ist Hiob.«

»Du machst Witze! Hiob?«

»Ja, ich habe ihn von deinem Müllhaufen heruntergenommen, als er von Aids gezeichnet und am Sterben war.«

Sehen Sie, in der Bibel wird uns Hiob als ein gottesfürchtiger, aufrichtiger Mann vorgestellt, der sich vom Bösen abgewandt hat usw., aber keiner wird so geboren. Die Bibel sagt *»Da ist kein Gerechter, auch nicht einer …«* (Röm 3,10). Was wir also im Buch Hiob sehen, ist ein Produkt der Gnade Gottes. Ich denke mir, das lief etwa folgendermaßen ab: Gott hob ihn eines Tages auf, einen mit Sünden durchsetzten Mann; vielleicht schlug er seine Frau, vielleicht war er ein Alkoholiker; wahrscheinlich war er einer der unehrlichsten Menschen in der Region. Aber dann kam Gott in seiner Gnade und hob den Bettler vom Misthaufen und machte ihn zu einem Prinzen vor Gott (s. 1. Sam 2,8). Gott liebt es, mit seiner Arbeit zu prahlen, oder etwa nicht?

Ein wunderschönes Bild haben wir davon direkt nach der Schöpfung an jedem einzelnen Tag. Dort bewundert Gott seine

Arbeit und erklärt: »Es ist gut« (s. 1. Mo 1). Wir sind da ähnlich, denn wenn wir etwas machen, mögen wir es, wenn wir etwas Anerkennung dafür bekommen, nicht wahr? Die Bibel sagt: »Wir sind seine Arbeiterschaft« (s. Eph 2,10). Ich glaube, Gott hat einfach alle daran erinnert, wer wirklich die Anerkennung verdient und sagte: »Satan, siehst du, was ich aus deinem Müll gemacht habe?«

Ich denke, der Teufel hat geantwortet: »Weißt du, ich glaube nicht, dass das Hiob ist«.

Er sagte: »Doch, das ist er«.

Der Teufel antwortete: »O. K., aber wenn ich etwas verderbe, dann auch richtig, und deine Gnade reicht nicht aus, das zu verändern, was ich verdorben habe«.

Gott sagte: »Doch, das tut sie«.

Satan antwortete: »Nein, das tut sie nicht. Der einzige Grund dafür, dass dieser Mann so handelt, ist, dass du ihn zu einem Multimillionär gemacht hast. Du hast ihm Tausende von Tieren gegeben; du hast ihn finanziell gesegnet; kein Wunder, dass er so fromm handelt«.

Schließlich wandte sich Gott dem Teufel zu und sagte: »Hör zu, er ist wahrhaftig und ehrlich bis zum Letzten. In der Tat«, sagte er, »du kannst ihn jedem Test unterziehen und ich werde dir zeigen, wie wahrhaftig er wirklich ist. Es gibt nur eine Regel: Du darfst sein Leben nicht nehmen.«

Diese Herausforderung nahm der Teufel mit den Worten: »Alles klar« an.

Am folgenden Tag beerdigte Hiob zehn Kinder – sieben Söhne, drei Töchter; zehn Särge auf dem örtlichen Friedhof. Können Sie sich vorstellen, durch so einen Test hindurch zu müssen? Einige von Ihnen werden ein Kind verloren haben. Aber zehn? Alle am gleichen Tag? Aus der Bibel geht hervor, dass sie verheiratet waren und ihr eigenes Zuhause hatten. Es ist möglich, dass neben Hiob und seiner Frau dort auch die zurückgebliebenen Eheleute, vielleicht sogar mit ihren Kindern, standen.

Das nächste Bild ist, dass Hiob von Kopf bis Fuß mit Eiterbeulen übersät ist. Große Schmerzen zusammen mit Juckreiz, der ihn fast verrückt macht vor Schmerz und kein noch so intensives Kratzen scheint in irgendeiner Art Erleichterung zu verschaffen. Hier ist dieser große Mann reduziert auf nichts, sowohl physisch als auch finanziell. Wir sehen, wie er in der Asche sitzt. Ich persönlich denke, dass das vielleicht alles ist, was von seinem einstigen Nobelheim übrig geblieben ist. Nun ist also nichts mehr geblieben, nur ein Hügel Asche. Wir sehen, wie Hiob alles durchwühlt, um vielleicht noch etwas zu finden, das den Schmerz lindert. Aber alles, was er finden kann, sind die zerbrochenen Teile des Lieblingsgeschirrs seiner Frau, vielleicht ein Geschenk zu einem Jahrestag. Alles ist in Scherben; und er zieht die Scherben aus der Asche und beginnt, sich damit zu kratzen, um irgendeine Erleichterung zu bekommen. Seine Frau sagte: »Warum beendest du das Ganze nicht einfach? Verfluche Gott und stirb. Lass Gott dich richten. Verfluche ihn und er wird dich töten und dann wird alles vorbei sein. Der Schmerz und die Misere werden vorbei sein.«

Aber stattdessen sagt die Bibel: Hiob *»fiel auf die Erde und betete an«* (Hi 1,20). Kein Chor, keine Streichinstrumente, keine Musik; nur ein Mann, der sich in absoluter Hingabe vor Gott beugt und keinen Zweifel in seinem Herzen hat: »Was Gott angeht, so ist sein Werk perfekt« (s. 5. Mo 32,4).

DIE MODERNEN ANBETER

Sehen Sie, Anbetung offenbart das Herz, nicht wahr? Anbetung offenbart, ob wir Gott wirklich kennen und ehren oder nicht.

Gott sucht nach Anbetern, und deshalb sollte das auch unsere erste Priorität sein.

Ich habe schon erwähnt, dass mein Vater in einem brennenden Hotel gefangen war und gezwungen war, aus dem Fenster zu springen, um sein Leben zu retten. Eine der Segnungen, die daraus hervorgingen, war, dass mein Vater eine enge Beziehung zu A. W. Tozer aufbaute. Tozer sagte zu meinem Vater: »Len, wenn du jemals in Chicago bist, dann komm jederzeit in meinem Büro vorbei. Du bist immer herzlich Willkommen. Komm vorbei und wir lassen unsere Masken runter.« Das war sein Ausdruck für: »Lass uns ehrlich miteinander sein«.

Mein Vater erzählte davon, wie er eines Nachmittags zwischen 14 und 15 Uhr zu Tozers Büro ging. Im Laufe des Gesprächs sagte Tozer zu ihm: »Weißt du, Len, ich hatte heute Morgen so viel zu tun; ich kam hier ins Büro und ging auf diesem kleinen Teppich auf die Knie ...«. Mein Vater beschreibt diesen Teppich als wirklich klein und fadenscheinig. »Als du an die Tür geklopft hast«, sagte er, »bin ich von meinen Knien aufgestanden, um zur Tür zu gehen. Ich habe noch nicht einmal angefangen zu beten; alles, was ich bisher gemacht hatte, war anzubeten.«

Fragen Sie sich noch, warum Tozer so geschrieben hat, wie er es tat? Tozer war diese Art Mensch, die sich in der Gegenwart Gottes verlieren kann, in der Majestät Gottes, die einen einfach mit sich reißt. *»Wenn ich anschaue deinen Himmel, deiner Finger Werk, den Mond und die Sterne, die du bereitet hast: Was ist der Mensch, dass du sein gedenkst ...«* (Ps 8,4–5). Plötzlich hatte er sich selbst in der Größe und Majestät Gottes verloren, und die Stunden vergingen, ohne dass er es überhaupt bemerkte. Das ist Anbetung.

Ich kann mich daran erinnern, wie Jack Hayford die lebendigen Wesen in der Offenbarung beschrieben hat, die sich einfach immer und immer wieder niederbeugen und ausrufen:

»Heilig, heilig, heilig«. Hayford sagte: »Weißt du, die haben nicht irgendwie so einen mechanischen Timer oder sowas in der Art. Sondern«, sagte er, »sie schauen auf und sehen Gott, als hätten sie ihn nie zuvor gesehen – als wenn ein Diamant das Licht bricht und all die verschiedenen Facetten zum Vorschein kommen. Jedes Mal, wenn sie auf den Herrn schauen, staunen sie über die Unermesslichkeit Gottes und beugen sich aus diesem Grund ständig vor ihm nieder und rufen ›Heilig, heilig, heilig‹.« Damit werden wir die Ewigkeit verbringen. Warum sollten wir also nicht jetzt schon einmal anfangen zu üben?

Es ist fast unmöglich, die Salbung zu verlieren und trotzdem noch ein Anbeter zu bleiben. Doch das Gegenteil trifft auch zu: Wenn Sie ein Anbeter bleiben, ist es unmöglich, die Salbung zu verlieren.

KAPITEL 9

VIELFALT/ UNTERSCHIEDLICHKEIT

Für jeden von uns gibt es eine spezielle Berufung, in der wir Christus nachfolgen können. Ich glaube nicht, dass alle von Ihnen ihm folgen würden, wenn Sie versuchen müssten zu predigen. Nicht einmal Christus hat versucht zu tun, wozu Gott ihn nicht vorgesehen hatte. Ein Mann hat ihn einmal gebeten, als Anwalt oder Richter zu fungieren, aber er antwortete: »Wer hat mich zu einem Richter oder Teiler unter euch gemacht?« Eine der schönsten Seiten am Leben Christi war, dass er seiner Berufung treu geblieben ist und nicht über seinen Auftrag hinausgegangen ist. Und Sie sind weise, wenn Sie das gleiche tun.

– *Charles H. Spurgeon*

Ich möchte nun gemeinsam mit Ihnen das Thema Vielfalt bzw. Unterschiedlichkeit betrachten. Ein weiterer Schutz zur Erhaltung der Salbung hat damit zu tun, dass wir verstehen, wie wichtig die Vielfalt ist. Gott ist ein Gott der unendlichen Vielfalt und Unterschiedlichkeit. Denken Sie einmal an die Milliarden Tonnen Schnee, die in einem einzigen Winter fallen, und dann bedenken Sie die Tatsache, dass keine Schneeflocke der anderen gleicht. Jede hat ihr ganz eigenes Design – wie viel mehr dann seine Menschen?

Jemand hat einmal einen *Burnout* als das definiert, was passiert, wenn Sie versuchen, in der Berufung oder Salbung eines anderen Menschen zu gehen. Jeder von uns hat seine ganz eigene Berufung und Bestimmung. Der Leib Christi besteht, wie auch unser natürlicher Leib, aus vielen verschiedenen Gliedern.

Jedes Glied hat seine Rolle zu spielen, damit der Leib natürlicherweise funktionieren kann. Wie ich schon zuvor erwähnt habe, verlassen etwa 1.500 Menschen innerhalb eines Monats den Dienst, hauptsächlich aufgrund moralischer Fehltritte, aber der zweite Grund ist Burnout.

Warum schauen wir immer auf die Methoden oder den Stil anderer und versuchen dann nachzuahmen, was derjenige tut? Wenn Gott uns nicht berufen hat, etwas zu tun, dann werden wir bald feststellen, dass wir »auf Granit beißen«. Mit anderen Worten: Wir stellen uns gegen unsere göttliche Berufung.

Gott hat mir die Berufung gegeben, ein Lehrer im Leib Christi zu sein. Wenn ich versuchen würde, in den Bereich des Evangelisten zu gehen, wäre ich bald frustriert und ausgelaugt, weil ich versuchen würde, an die Stelle eines anderen zu treten. Die meisten Evangelisten sind dramatischer und gehen mehr aus sich heraus als ich. Der Versuch, ihren Stil zu kopieren, wäre eine Verletzung meiner eigenen Natur und Berufung. Das Endresultat wäre Burnout.

Wir müssen verstehen, dass Gott ein Gott der Unterschiedlichkeit ist. Dafür müssen wir uns nur einmal umschauen. Wir haben alle zwei Ohren, zwei Augen, eine Nase und einen Mund – und doch sind wir alle so verschieden.

Im Brief an die Korinther erklärt Paulus der Gemeinde, dass es eine Vielfalt an Gaben, aber einen Geist gibt; Vielfalt des Dienstes, aber ein gemeinsamer Herr. Es gibt eine Vielfalt an Wirkungen, aber es ist der gleiche Gott, der all diese Dinge in all den Menschen wirkt. Noch einmal: Vielfalt der Gaben, Vielfalt der Dienste, Vielfalt der Wirkungen – und doch sind wir ein Leib und unser Leib ist einzigartig. Er hat eine Vielfalt an Gliedern und all diese Glieder haben verschiedene Funktionen, doch sie sind alle lebensnotwendig. Sie sind alle grundlegend wichtig; wir können nicht ohne einen davon auskommen. *»Das Auge kann* *nicht zur Hand sagen: Ich brauche dich nicht; oder wieder das Haupt zu den Füßen: Ich brauche euch nicht«,* sagt Paulus (1.Kor 12,21). Wir müssen die Vielfalt anerkennen, die Gott in den Leib Christi hineingelegt hat.

Im Epheserbrief lesen wir, dass Gott der Gemeinde Apostel, Propheten, Evangelisten, Pastoren und Lehrer gegeben hat. Jedes Amt hat seine eigene Funktion, die es erfüllen muss, um die Gemeinde in die Fülle Christi zu führen. Ich wurde gelehrt, dass:

der Apostel .... verwaltet;
der Prophet .... führt;
der Evangelist .... versammelt;
der Pastor .... schützt;
der Lehrer............... erdet.

Die apostolische Gabe ist vor allem verwaltend. Paulus stellt fest, dass er ein weiser Baumeister sei. Er verstand die Notwendigkeit angemessener Struktur und Verwaltung in der Gemeinde. Der Prophet wird vom Herrn oft gebraucht, um zu bestätigen und zu ermutigen, aber auch um die Gemeinde bezüglich der Richtung, in die sie geht, zu warnen. Der Evangelist hat eine Salbung, zu versammeln und auch die Gemeinde zu inspirieren, sich nach anderen auszustrecken. Der Pastor ist der Hirte, der vorsichtig und mitfühlend über der Gesundheit der Herde Gottes wacht. Der Lehrer ist dazu berufen, die Gemeinde im Wort Gottes zu erden, eine Basis von lehrmäßigen Vorstellungen zu legen, die sie fest gegründet in Christus sein lässt.

DER LEIB CHRISTI BRAUCHT TEAMARBEIT

Ich bin davon überzeugt, dass eine der größten Tragödien in den Gemeinden heutzutage der Mangel an »Dienst im Team«

ist. Wir haben zu viele Menschen, die es »auf eigene Faust« versuchen. Das Resultat ist: Sie sind frustriert, und der Gemeinde fehlt es an Balance und Segen, was nur durch von Gott eingesetzte »Leiter« erreicht werden kann. Wir akzeptieren schnell die Tatsache, dass es Kindern besser geht, wenn sie Vater und Mutter haben. Der Vater spielt in der kindlichen Entwicklung eine Rolle, die seine Ehefrau nicht ausfüllen kann, und genauso spielt die Ehefrau eine Rolle, die der Ehemann nicht ausfüllen kann. Warum denken wir dann, wenn es um die Familie Gottes geht, dass der Pastor alles bereitstellen kann, was die »Familie« braucht?

Ich liebe es zu beobachten, wie sich die Unterschiedlichkeit Gottes in seinen vielen Dienern offenbart. Über die Jahre hinweg hatte ich das Privileg, mit einigen der allerfeinsten Diener Gottes zu arbeiten. Meine Frau und ich haben unseren Dienst Mitte der 1960er Jahre in New York City in Zusammenarbeit mit David Wilkerson (Gründer von Teen Challenge) begonnen. Später sind wir zu Loren Cunningham in der Anfangszeit von Jugend mit einer Mission (JmeM) dazu gestoßen. Wir hatten das Privileg, verschiedene Leiter persönlich zu kennen; einige von ihnen sind sehr bekannt, andere werden erst in der Ewigkeit bekannt sein. Jeder von ihnen hatte oder hat sein ganz eigenes »Aroma«.

Ich war beispielsweise zu verschiedenen Gelegenheiten sowohl unter dem Dienst von John Wimber als auch dem eines anderen Mannes Gottes, Mahesh Chavda. Beide Männer haben (oder hatten) sehr herausragende Heilungsdienste. Mahesh lebt heute noch, während John schon beim Herrn ist. Sie haben beide über Heilung gelehrt und darüber, wie Gott sie dahin geführt hat, für Kranke zu beten. John Wimber hat wiederholt betont, dass man, wenn man für jemanden betet, niemals die Augen schließen sollte, sondern vielmehr *die Person anschauen* soll. John hatte alle möglichen Gründe dafür, warum es wichtig war, die Augen beim Beten offen zu halten. Um ehrlich zu sein (Zeit für ein Geständnis), ich habe nie wirklich verstanden, was er meinte.

Später hatte ich dann die Gelegenheit, Mahesh zuzuhören, wie er einige Einsichten weitergab, die Gott ihn im Laufe seines Dienstes gelehrt hatte. Mahesh hat einige ganz erstaunliche Heilungen gesehen, besonders in Afrika. Eine der größten Offenbarungen hatte er durch das Lesen des Berichtes von der Auferstehung des Lazarus empfangen. Mahesh erzählte, dass Jesus, als er zum Grab kam, die Augen zum Vater erhob und Lazarus dann befahl herauszukommen. Er teilte mit, dass der Herr ihn dazu angeregt hatte, *nicht das Problem, sondern den Herrn anzuschauen.*

Ich musste schmunzeln und dachte: *Gott kann nicht auf eine Formel reduziert werden.* Es gibt vielfältige Arten zu arbeiten, aber den gleichen Geist. Hier sind zwei große Männer Gottes; der eine sagt: »Lass deine Augen offen und (im Grunde genommen) schau das Problem an«, und die Offenbarung des anderen ist: »Was auch immer du tust, schau nicht auf das Problem, sondern auf den Herrn«.

Ich hatte auch die Gelegenheit, in einigen von Kathryn Kuhlmans Versammlungen zu sein und habe beobachtet, wie sich der Geist Gottes wie eine Wolke auf die Versammlung gelegt hat. Kuhlman rief dann einfach aus, was sie vom Herrn empfing, während sie auf Menschen überall in der Zuhörerschaft zeigte, die der Herr berührte. Ich kann mich nicht daran erinnern, dass sie jemals Menschen nach vorne rief, damit für sie gebetet würde, sondern sie kamen vielmehr nach vorne, um Zeugnis davon zu geben, was der Herr schon während der Versammlung getan hatte.

Auf der anderen Seite haben wir Männer und Frauen Gottes gesehen, die Menschen nach vorne rufen und für einen nach dem anderen in so einer Art Heilungsschlange beten. Ich bin überzeugt, dass Gott durch all diese verschiedenen Methoden wirkt, um uns in Abhängigkeit von ihm zu erhalten, statt dass wir vielleicht anfangen, uns auf eine sogenannte erprobte Methode zu verlassen.

WER IST JESUS FÜR DICH?

In Matthäus 16 ist der bekannte Vorfall wiedergegeben, wo Jesus Petrus fragt: »Was sagst du, wer ich bin?« Zuvor fragte Jesus seine Jünger aber: *»Was sagen die Menschen, wer der Sohn des Menschen ist?«* Ihre Antwort war: *»Einige: Johannes der Täufer; andere aber: Elia; und andere wieder: Jeremia oder einer der Propheten«* (Mt 16,13–14).

Ich habe einmal darüber nachgedacht, wie die Menschen zu so unterschiedlichen Meinungen darüber kamen, wer Jesus sei. Einige sagten Elia; einige sagten Johannes der Täufer; einige sagten Jeremia. Diese drei Charaktere könnten nicht unterschiedlicher sein. Die Bibel sagt über Johannes den Täufer: *»Johannes tat ... kein Zeichen ...«* (Joh 10,41). Johannes hat also laut dem Wort Gottes keine Wunder getan. Wie kann man demnach einige Tage mit Jesus gehen und am Ende sagen: »Er ist genau wie Johannes der Täufer«? Die Schrift teilt uns mit, dass Jesus umherging, Gutes tat und alle heilte, die vom Teufel unterdrückt wurden. Doch wir haben keinen Nachweis dafür, dass so etwas jemals durch den Dienst von Johannes dem Täufer geschehen wäre.

Vielleicht ist einer Jesus einen Tag lang nachgefolgt und hat gesehen, wie er vor den Pharisäern stand und ihnen sagte: »Hört mal zu, ihr Haufen weißgetünchter Gräber, von außen gesehen erscheint ihr makellos, aber von innen seid ihr eine offene Kloake« (s. Mt 23,27). Das ist nicht gerade eine »Besucherfreundliche« Art, eine Pastorenkonferenz zu eröffnen.

Bei einer anderen Gelegenheit sagte Jesus zu denselben Pharisäern und Schriftgelehrten: »*... die Zöllner und die Huren [werden] euch ... in das Reich Gottes [vorangehen]*«.

Also, wenn man Jesus so reden hört, dann könnte man denken: »Mensch, er ist genau wie Johannes der Täufer – schwarz und weiß, gerade ins Gesicht, unverblümt, er nimmt kein Blatt vor den Mund. Er sagt es so, wie es ist. Er ist genau wie Johannes.«

Dann sagt jemand anderes: »Nein, nein, nein, ich weiß ja nicht, wo du das Johannes-der-Täufer-Zeug herholst. Ich bin jetzt schon drei Tage mit ihm zusammen gewesen und er ist genau wie Elia. Du hättest mal sehen sollen, wie er die Dämonen ausgetrieben hat, ganz zu schweigen von den unzähligen Heilungen plus alle möglichen Arten von Wundern. Ich habe gesehen, wie er die 5.000 gespeist hat, wie er Tote auferweckt hat. Ich meine, er hat die Kraft von Elia.«

Und dann tut noch jemand seine Meinung kund: »Ihr habt beide unrecht. Ihr seid verrückt. Ich habe ein paar Tage mit ihm verbracht. Um genau zu sein, ich war gerade gestern mit ihm unterwegs und er weinte wie ein Baby; er weinte über Jerusalem, vollkommen zerbrochen. Ich habe noch keinen Menschen gesehen, der so mitfühlend, so zerbrochen war. Kurz darauf rannte so eine Gruppe kleiner Straßenbengel durch die Gegend, und die Jünger versuchten, sie loszuwerden, doch Jesus sagte: ›Hey, verjagt diese Kinder nicht. Bringt sie zu mir.‹ Und ich habe zugeschaut, wie er diese Kleinen genommen, auf seinen Schoß gesetzt und sie in seinen Armen gewiegt hat. Er war gerade so wie ein liebevoller Großvater. Er ist genau wie Jeremia, der weinende Prophet. Sein Mitgefühl, seine Gnade, seine Zärtlichkeit sind ohnegleichen.«

WIR BRAUCHEN MENSCHEN WIE ELIA, JOHANNES DEN TÄUFER UND JEREMIA

Sehen Sie, alle diese drei Charakterisierungen treffen auf den Herrn Jesus Christus zu. Er war die Stimme *»vieler Wasser«*. Aber es kam der Tag, an dem dieser Same in die Erde fallen und sterben musste, sonst wäre er allein geblieben. Wissen Sie, der menschliche Körper von Jesus Christus konnte immer nur zu einer Zeit an einem Ort sein. Wenn er in Betanien war, konnte er nicht in Nazareth sein. War er in Nazareth, konnte er nicht in Jericho sein. Und wenn er in Jerusalem war, konnte er nicht in Jericho sein usw.

Aber dieses eine Samenkorn ist in die Erde gefallen und hat als Ergebnis viel Frucht hervorgebracht. Und als Resultat dieser Frucht haben wir nun die Johannesse und die Jeremias und die Elias usw., weil wir nun, wenn Sie so wollen, den mystischen Leib Christi haben. Dieser mystische Leib Christi enthält alles, was Sie im Leben von Jesus Christus sehen. Einige Menschen sind dazu berufen, so zu donnern wie Johannes der Täufer, andere haben diese Zärtlichkeit, die sie dazu bringt, zu zerbrechen und zu weinen, während wieder andere von Gott aufgerichtet werden, um Heilungen und Wunder zu vollbringen.

Folglich gibt es große Unterschiede im Leib; und wir müssen diese Einzigartigkeit verstehen, sonst werden wir zynisch und richten andere, deren Dienst vielleicht anders ist als unser eigener. Daher ist es wichtig, in der Berufung zu bleiben, zu der wir berufen sind. Versuchen Sie nicht, etwas zu sein, was Sie nicht sind, denn sonst werden Sie frustriert sein und ausbrennen.

Es gibt ein wundervolles Gefühl von Ruhe und Frieden, wenn wir in der von Gott gegebenen Berufung agieren. Gott möchte uns innerhalb des Rahmens unserer Persönlichkeit freisetzen.

Das bedeutet nicht, dass Sie, sobald Sie »frei« sind, automatisch ein Sanguiniker oder ein extrovertierter Mensch werden. Es bedeutet vielmehr, dass Sie in der Persönlichkeit, die Gott Ihnen gegeben hat, frei sind.

Finden Sie Ihre von Gott gegebene Berufung und Salbung und bleiben Sie dort – Sie werden überleben.

KAPITEL 10

FAMILIE

Es war für mich eine große Freude, als meine Söhne geboren wurden, aber es war eine ungleich größere Freude, als sie mir mitteilten, dass sie den Retter gesucht und gefunden hatten. Mit ihnen zu beten, sie noch stärker auf Christus hinzuweisen, die Geschichten ihrer geistlichen Schwierigkeiten zu hören und ihnen aus ihren geistlichen Problemen herauszuhelfen war eine tiefe Befriedigung meiner Seele.

- Charles H. Spurgeon

Auch wenn die Familie nicht direkt an den Erhalt der Salbung gekoppelt ist, glaube ich doch, dass hier eine grundlegende Verbindung besteht. Leiter müssen sicherstellen, dass sie ihre Familien nicht vernachlässigen. Ich kann mich nicht daran erinnern, jemals mit einem Mann Gottes in Leiterschaft gesprochen zu haben, der nicht mehr Zeit mit seiner Familie verbringen würde, wenn er sein Leben noch einmal leben könnte. Es ist so einfach, vom Dienst in Anspruch genommen zu werden und dabei seine eigene Familie zu vernachlässigen.

STEHLEN SIE NICHT, UM ZU GEBEN

Irgendwann Mitte der 1970er Jahre hat unsere Gemeinde Ern Baxter als Sprecher für unsere jährliche Weihnachts-Gemeinde-Konferenz eingeladen. Während einer seiner Botschaften machte er folgende Aussage: »Gott ist nicht an gestohlener Zeit interessiert«. Er berichtete dann im Folgenden, wie er als junger

Pastor in seinem Büro war, um eine Botschaft vorzubereiten. Ein oder zwei seiner Kinder kamen zu ihm und fragten ihn, ob er mit ihnen spielen würde, aber er antwortete ziemlich harsch, dass er zu beschäftigt sei, um mit ihnen zu spielen und dass sie ihn in Ruhe lassen sollten. Kaum hatten die Kinder den Raum verlassen, als er den Herrn reden hörte: »Ern, ich bin nicht an gestohlener Zeit interessiert«. Anders ausgedrückt sagte Gott: »Du nimmst Zeit, die rechtmäßig deinen Kindern gehört, und du gibst sie mir unter dem Deckmantel des Dienstes«. Ich kann mich daran erinnern, wie ich an meine eigenen Kinder dachte und daran, wie die Anforderungen der Gemeinde mich Schritt für Schritt dazu gebracht hatten, sie auf dem Altar des Dienstes zu opfern. Ich war sozusagen viel zu sehr beschäftigt, nach den Weinbergen aller anderen zu sehen, aber kümmerte mich nicht um meinen eigenen.

Mit Erns Aussage im Ohr musste ich eine Bibelstelle finden, die sie unterstützte. Ich sagte zum Herrn: »Ich möchte dieses Prinzip im Wort Gottes finden«. In meinem Geist machte es Sinn, aber ich sagte: »Wo ist es im Wort?«. Genau am nächsten Tag passierte es, dass ich Matthäus 15,2 aufschlug, wo von den Pharisäern und Schriftgelehrten erzählt wird, die mit folgender Frage aus Jerusalem zu Jesus kamen: *»Warum übertreten deine Jünger die Überlieferung der Ältesten? Denn sie waschen ihre Hände nicht, wenn sie Brot essen«.*

Hier war also eine Delegation, die mit einer Frage bezüglich einer ihrer Traditionen zu Jesus kam. Es hatte sie alarmiert, dass ausgerechnet Jesus seinen Jüngern erlaubte zu essen, ohne die Hände gewaschen zu haben. Jesus, keinen Moment lang verschreckt, fragte sie, weshalb sie die Gebote Gottes verletzten. Traditionen sind einfach nur das, nämlich *Traditionen.* Aber Gebote sind eine sehr viel ernstere Angelegenheit. Das erste bezieht sich auf die Kultur, das zweite auf Gott selbst. Jesus erklärt: »*Denn Gott hat gesagt: ›Ehre den Vater und die Mutter!‹, und: ›Wer Vater oder Mutter flucht, soll des Todes sterben.‹ Ihr aber sagt: Wer zum Vater oder zur Mutter spricht: Eine Opfergabe sei das, was du von mir an Nutzen haben würdest, der braucht seinen Vater oder seine Mutter nicht zu ehren; und ihr habt so das Wort Gottes ungültig gemacht um eurer Überlieferung willen*« (Mt 15,4–6).

Anders ausgedrückt: Das, was hier passierte, war, dass sie Geld nahmen, das rechtmäßig ihren Eltern gehörte. Immerhin gab es zur damaligen Zeit noch keine Sozialversicherungen und es oblag der Verantwortung der Kinder, sich um ihre alten Eltern zu kümmern, die aufgrund ihres Alters nicht mehr in der Lage waren, sich selbst zu versorgen. Diese sogenannten geistlichen Leiter setzten die Bedürfnisse der Synagoge oder des Tempels vor die Bedürfnisse ihres eigenen Fleisch und Blutes. Folglich haben sie also die Gebote Gottes gebrochen. Sie benutzten den Ausdruck *Korban (Opfergabe)*, um sich selbst davon freizusprechen, den Eltern zu helfen. Jesus deckte ihre Scheinheiligkeit auf und sagte sinngemäß: »Gott ist nicht an gestohlenem Geld interessiert«.

Ich hatte das Prinzip gefunden, nach dem ich gesucht hatte. Es gibt gewisse Dinge, an denen Gott nicht interessiert ist: z. B. gestohlene Dinge. Jedes Mal, wenn wir Gott etwas anbieten, was wir unrechtmäßigerweise von jemand anderem genommen haben, wird Gott daran nicht teilhaben. Das trifft ganz besonders zu, wenn es um Familie geht. Ich kann so leicht meine Frau und meine Kinder unter dem Deckmantel des Dienstes vernachlässigen. In Hebräer wird uns erzählt, wie Noah für die Rettung seiner Familie eine Arche baute. Der Grund dafür, dass Noah die Arche baute, war nicht nur, um alle Tiere da hineinzubringen. Nein, der Hauptgrund für den Bau der Arche war die Rettung seines Haushalts. Warum? – Weil Gott richten wollte. Die Welt war korrupt, zutiefst korrupt. Gott sah, dass die Gedanken und Herzen der Menschen *»nur böse«* waren und er sagte: »Ich werde die Erde zerstören«. Noah fand Gnade in den Augen des Herrn und er bereitete die Arche für die *Rettung* seines Hauses vor.

GÖTTLICHE VÄTER KÜMMERN SICH UM IHRE FAMILIEN

Uns wird mitgeteilt: *»... wie es in den Tagen Noahs geschah, so wird es auch sein in den Tagen des Sohnes des Menschen«* (Lk 17,26). Wir als geistliche Noahs haben die Verantwortung, eine Arche für die Rettung unseres Haushalts vorzubereiten. Mit anderen Worten: Wir sind für unsere Kinder, unsere Familie verantwortlich; wir sind dafür verantwortlich, eine Atmosphäre bereitzustellen, eine »geistliche Arche«, in der sie, durch die Gnade Gottes, gerettet werden. Und das wird uns fast genauso viel Zeit und Aufwand kosten, wie es Noah gekostet hat.

Ich wurde immer von Hiob herausgefordert. Uns wird gesagt, dass er jeden Morgen früh aufstand, um Opfer für seine Familie darzubringen, für den Fall, dass sie gesündigt haben. Aus dem Kontext heraus wird klar, dass seine Kinder erwachsen war und eigenständig lebten. Dennoch führte Hiob noch immer seine priesterliche Rolle als Haupt der Familie aus. Gäbe es doch mehr Väter, die die ihnen zugedachte Rolle als »Haupt« ernster nähmen. Selten geht ein Tag vorbei, an dem ich nicht meine Frau, meine drei Töchter, meine zwei Schwiegersöhne und Enkelkinder im Gebet vor den Herrn bringe. Ich fühle noch immer diese Verantwortung, für sie zu beten, für Weisheit zu beten, Leitung, Schutz und Segen auf ihrem Leben. So wie Noah und Hiob müssen wir eine »Arche« für die Rettung unserer Familie vorbereiten.

Wir sind dafür verantwortlich, den geistlichen Nöten unserer Kinder zu begegnen. Offensichtlich können wir sie nicht retten – auch sie kommen mit ihren Nöten zu Christus, wie jeder andere auch –, aber wir können einen Ort der Sicherheit und des Schutzes bereitstellen. Dies ist eine Zeit, in der, wie wir wissen, die Gedanken der Menschen fortwährend böse sind, und wir brauchen einen sicheren Hafen für unsere Kinder. Das Zuhause muss ein Ort der Freude sein und ein Ort, an dem sie gerne sind, statt dass sie ihn verlassen möchten. Als die von Gott eingesetzten Leiter unseres Hauses müssen wir einen Ort der Freude, der Gottesfurcht, der Versorgung und des Schutzes bereitstellen, sodass unsere Familienmitglieder nicht nach der Welt schauen, um ihren Nöten zu begegnen. Es gibt keine schwerwiegendere Anklage gegen einen Mann Gottes als zu hören, dass er zwar den Nöten anderer Menschen begegnet ist, es aber nicht geschafft hat, den Nöten seiner eigenen Familie zu begegnen.

KAPITEL 11

DER FEIND

Die, die andere im Kampf führen werden, müssen darauf vorbereitet sein, sowohl ihre Kameraden als auch ihren Feind fallen zu sehen, und müssen gewillt sein, allein zu stehen, wenn es sein muss, und die Fahne selbst im Tod zu fassen.

– FREDERICK BOOTH-TUCKER,
LIFE OF CATHERINE BOOTH, VOL. 1

Im Krieg ist es keinem erlaubt, zweimal zu irren.

– JOHN TRAPP

Jeder, der auch nur die geringste Zeit im Dienst verbracht hat, wird bald feststellen, dass er gegen den Feind aufsteht. In seinem wunderbaren Buch *Discipler's Manual (Handbuch für Jünger)* stellt F. E. Marsh fest: »Es gibt drei Feinde, die dem Christen gegenüberstehen. Diese sind *innerlich, äußerlich* und *höllisch.*« Der erste, *der innerliche Feind,* ist das schlechte Prinzip, das »Fleisch« genannt wird. Der zweite, *der äußerliche Feind,* ist die »Welt«. Der dritte, *der höllische Feind,* ist Satan gemeinsam mit dem Heer des Bösen unter ihm.

Dienst und geistliche Kampfführung gehen Hand in Hand. Petrus war sich dessen durchaus bewusst, als er sagte: *»Euer Widersacher, der Teufel, geht umher wie ein brüllender Löwe und sucht, wen er verschlingen kann«* (1. Petr 5,8). Wir haben einen Widersacher. Das müssen wir verstehen. Es ist eine absolute Notwendigkeit, wenn Sie und ich die Salbung am Leben erhalten möchten. Der Feind ist unterwegs, alles in seiner Macht Stehende zu tun, um das zu untergraben und zu sabotieren, was Gott in und durch Ihr Leben tut. Und nur wenn wir uns dieser Strategie bewusst werden, werden wir überleben.

ERKENNEN SIE DEN FEIND

Paulus sagt: »*... seine Gedanken sind uns nicht unbekannt*« (2. Kor 2,11). Wir müssen uns darüber im Klaren sein, dass der Feind auf verschiedenen Wegen kommt; er verkleidet sich in verschiedene Formen. Manchmal kommt er als brüllender Löwe. Wenn in diesem Moment ein brüllender Löwe in Ihr Zimmer käme, wären Sie klug genug, ihm aus dem Weg zu gehen, und wären sich sofort der Gefahr, die Ihnen gegenübersteht, bewusst. Aber die Bibel sagt auch, dass er als ein Wolf im Schafspelz kommt.

Nun, ich bin auf einer Farm in Irland aufgewachsen, auf der wir Schafe hatten. Dann habe ich fünfzehn Jahre in Neuseeland gelebt, wo etwa vier Millionen Menschen und 50–70 Millionen Schafe leben. Mit so vielen Schafen um sich herum wissen Sie bald, wie sie aussehen. Aber wenn Sie nicht damit vertraut sind, wie Schafe sind, dann kann es sein, dass ein wolliges, unschuldig aussehendes Ding auf Sie zukommt und es dann, bevor Sie Zeit haben zu reagieren, den Mund öffnet und Sie Geschichte sind – weil es nämlich gar kein Schaf war. Es war ein Wolf im Schafspelz.

Die dritte und bei weitem auch trügerischste Form, die der Feind annimmt, ist die eines Engels des Lichts. John Kilpatrick, der frühere Hauptpastor der »Assembly of God«-Gemeinde in Pensacola, Florida, erzählte eines Sonntagmorgens eine Geschichte über die Zeit, als er noch ein kleiner Junge war. Wenn ich mich richtig erinnere, war er allein zu Hause, als er hörte, wie jemand den Flur entlang in sein Haus lief. Plötzlich öffnete sich die Tür seines Schlafzimmers und hinein kam dieses wunderschöne und prächtige Geschöpf. Seine unmittelbare Reaktion war, auf die Knie zu fallen und anzubeten, da er davon überzeugt war, den Herrn zu sehen. Aber in dem Moment wies ihn etwas an, sich die Hände des Geschöpfes anzuschauen. John sagte: »Als ich auf die Hände schaute, waren da keine Wundmale«.

Ich kann mich erinnern, dass mir, als er diese Begebenheit erzählte, die Kälte den Rücken hinaufkroch. Dies war niemand anderes gewesen als der Teufel, der sich als Engel des Lichts maskiert hatte. Es ist kein Wunder, dass wir im Wort Gottes gewarnt werden, Gottes Anordnungen nicht zu ignorieren. Wir alle würden sofort losrennen und uns verstecken, wenn er in einem roten Anzug mit Hörnern, einer Forke und einem langen Schwanz käme. Aber wenn er kommt und wie der Herr Jesus Christus aussieht, strahlend, herrlich und wunderschön, dann ist es deutlich schwerer, ihn zu erkennen. F. E. Marsh sagt: »Satan kommt wie ein brüllender Löwe, um zu verfolgen, oder als ein Engel des Lichts, um zu beschirmen. Satan als ›Engel des Lichts‹ muss viel mehr gefürchtet werden als Satan als ›brüllender Löwe‹. Ein beschirmender Feind ist viel schlimmer als ein verfolgender.«

LERNEN SIE VOM GLEICHNIS DES SÄMANNS

In dem Gleichnis vom Sämann werden uns einige wahre Einsichten auf dem Gebiet der geistlichen Kampfführung und der Operationen des Feindes gegeben. Jesus sprach von vier verschiedenen Arten von Böden, auf den die Saat gesät wird. Die Saat ist laut Bericht von Matthäus die Saat des Königreiches. Der Sämann ist Jesus, unser König, der danach strebt, die Prinzipien seines Königreiches in unserem Herz und Leben aufzubauen. Jesus erklärte, dass beim Säen einige Saat auf steinigen Grund fiel und sofort von den Vögeln der Lüfte gefressen wurde. Später erklärte er, dass das den Teufel repräsentierte. Für mich ist dies ein Bild für den Feind als »brüllenden Löwen«. Er ist einfach zu sehen und zu erkennen.

Aber dann erzählte er von denen, die das Wort empfingen und die den Anschein machten, als würden sie sofort anfangen, zu wachsen und aufzublühen. Wir alle freuen uns zu sehen, wenn Menschen auf das Wort reagieren und dann scheinbar große Schritte in ihrem Leben als Christen machen. Doch der Feind ist mit seiner List noch nicht am Ende. Weil er nicht in der Lage ist, die Saat zu vertilgen, bewirkt er, dass die Verfolgung zunimmt, sodass die Saat nach einiger Zeit vertrocknet und stirbt. Dieser Prozess ist vielleicht langsamer, aber das Endresultat ist dasselbe: Das Wort Gottes wird null und nichtig gemacht. Ich sehe dies als eine Form des Feindes, der als Wolf im Schafspelz kommt. Er ist listiger, weil er andere benutzt, um seine teuflischen Pläne umzusetzen.

Die dritte Gruppe repräsentiert den Feind auf der »Höhe«. Jesus erzählte von denjenigen, die das Wort empfingen und anfingen zu wachsen. Sie versuchten sogar Frucht hervorzubringen. Nun bedenken Sie: Sie haben die Vögel der Luft überlebt. Sie haben derselben Hitze der Sonne bzw. der »Verfolgung«, wie Jesus sie nannte, widerstanden. Aber nun werden sie getäuscht und denken, solange sie das Wort empfangen und auch nur das geringste Anzeichen von Wachstum haben, das sei alles, was zählt. Doch Jesus sah das anders. Er sagte, dass dies diejenigen sind, die aufgrund der Dornen und Disteln keine Frucht zur Reife bringen.

Der einzige Grund, weshalb jemand Saat aussät, ist der, eine Ernte einzubringen. Kein Bauer, der noch Herr seiner Sinne ist, investiert Tage, wenn nicht sogar Wochen, um das Land vorzubereiten und dann Saat auszusäen, nur um dann genau dieselbe Menge zu ernten, mit der er auch angefangen hat. Der Feind kommt hier als Engel des Lichts. Diesen Menschen ist noch nicht einmal klar, dass sie zur Zielscheibe geworden sind. Wie durchkreuzt der Feind die Absichten Gottes? – Einfach, indem er Gottes Leute mit den Reichtümern und Sorgen des Lebens beschäftigt. Mit anderen Worten: Diese Menschen sind so mit den täglichen Aktivitäten des Lebens beschäftigt, dass sie keine Zeit mehr haben, Gott zu dienen. Ich bin überzeugt, dass der Feind Sie befördern kann, sodass Sie keine Zeit mehr haben, dem Königreich zu dienen – weil Sie nun mehr Verantwortung im Dienst haben. Der Feind kümmert sich wenig darum, ob Sie sonntags zum Gottesdienst gehen oder nicht, solange er Sie davon abhalten kann, die Arbeit Gottes voranzubringen.

LASSEN SIE SICH NICHT VOM FEIND NIEDERDRÜCKEN

Lange Zeit belobigte ich mich selbst und dachte, dass der Feind die Saat nicht aus meinem Leben genommen hatte. Ich musste keine wirkliche Verfolgung als solche durchleben, aber die subtilsten Attacken des Feindes erfolgen durch die Reichtümer und Sorgen dieses Lebens. In Hebräer 11 werden wir ermahnt, jede Last zur Seite zu legen und den Lauf zu laufen. Die Läufer unter Ihnen wissen: je weniger belastet man ist, desto größere Distanzen kann man in geringerer Zeit laufen. Der Feind versucht uns, mit Dingen zu belasten, die wie *Segen* aussehen, sich aber als *Last* herausstellen.

Vor 2.000 Jahren war das Laufen eine der Lieblingssportarten. Jede Provinz hatte ihre Helden, ähnlich wie heute die Superstars des Sports. Zwischen diesen Provinzen, aber auch zwischen Ländern, herrschten ernste Rivalitäten. Der Druck zu gewinnen war so groß, dass jede nur mögliche Strategie genutzt wurde, um einen Vorteil zu erlangen und so zu gewinnen. Historische Berichte deuten an, dass eine der beliebtesten Strategien die war, junge Frauen entlang der Route der Läufer zu platzieren. Diese schönen Frauen boten sich den Läufern an in der Hoffnung, Athleten aufzuhalten, die zur Seite abzogen, um ihre »jugendliche Lust« zu befriedigen. Ein weiterer Trick, der genutzt wurde, war, dass ein Ball aus festem Gold vor die Füße des Läufers gerollt wurde. Diese »Gewichte« konnten so viel wert sein wie ein Jahresgehalt, wenn nicht noch viel mehr. Manchmal gewann diese Versuchung und brachte den Läufer dazu, sich herunterzubeugen und das »Gewicht« aufzuheben, wobei er dachte, dass er immer noch in derselben Geschwindigkeit weiterrennen könne. Allmählich allerdings sog dieses »Gewicht« die Energie des Läufers auf, gab dem Gegner den Vorteil und brachte ihn selbst dazu zu verlieren.

Alles, was man tun muss, ist das Leben einiger aus dem Volk Gottes zu studieren, um die zerstörerischen Auswirkungen von Reichtümern zu sehen. Auch wenn ich glaube, dass der Herr seine Diener segnet, kann ich auch sehen, wie viele es zulassen, dass ihre Segnungen zu einer Last werden, die sie schlussendlich davon abhält, mit Gott vorwärts zu gehen. Es war Gott selbst, der das Volk Israel mit *»einem Land, das von Milch und Honig überfließt«* segnete, aber sie dann warnte, dass es dazu führen könnte, dass sie ihn vergessen.

Der Feind weiß, wie er uns bremsen kann, indem er uns mit diesem oder jenem zerstreut. Wenn es keine sexuelle Versuchung ist, dann ist es finanzielle. Oder er bringt uns dazu, in unsere eigene Position oder Wichtigkeit vernarrt zu sein. Der Feind wird verschiedene Strategien und Hilfsmittel verwenden, um uns davon abzuhalten, zu laufen und den Lauf zu vollenden.

Nehmen Sie z. B. einmal die Geschichte von Nehemia. Sobald Nehemia anfing, die Mauern Jerusalems wieder aufzubauen, traten Sanballat und Tobija auf den Plan. Diese Männer taten alles in ihrer Macht Stehende, um die zu frustrieren und zu entmutigen, die die Mauer bauten. Solange wir uns danach ausstrecken, die Arbeit Gottes zu tun, wird es immer einen Sanballat und Tobija in unserem Leben geben.

Um die Salbung am Leben zu erhalten, müssen wir uns der Hilfsmittel des Feindes bewusst sein. Aus unserer eigenen Kraft heraus können wir seinen Listen nicht standhalten. Nur wenn wir im Herrn und durch die Kraft seiner Macht stark werden, können wir ihm standhalten.

Dies ist keinesfalls eine detaillierte Studie über geistliche Kampfführung, aber ich vertraue darauf, dass es genügen wird, um Sie daran zu erinnern, dass wir einen Feind haben und dass *»der, welcher in euch ist, größer ist als der, welcher in der Welt ist«* (1. Jo 4,4).

KAPITEL 12

INTEGRITÄT

Integrität: der unversehrte, unerschütterte Zustand von allem, besonders des Geistes; moralische Unversehrtheit oder Reinheit; Unbestechlichkeit; Aufrichtigkeit; Reinheit ...

– *Noah Webster,*
1828er Ausgabe American Dictionary

VERMEIDEN SIE DEN ANSCHEIN DES BÖSEN

Paris, die »Stadt der Lichter«, ist als die romantischste Stadt der Welt bekannt. Paris ist ebenso für seine Restaurants und fabelhafte Küche bekannt – ganz zu schweigen von den berühmten Sehenswürdigkeiten wie dem Eiffelturm, dem Louvre oder der Avenue des Champs-Élysées und den allseits beliebten Straßencafés. Beim ersten Mal, als ich diese großartige Stadt besuchte, war ich nicht als Tourist dort, sondern um zu dienen. In meinem Leben bin ich schon viel in der Welt herumgereist und doch habe ich viele bekannte touristische Anlaufpunkte aufgrund voller Terminkalender und Zeitvorgaben nicht gesehen. Ich hoffte, dass ich vielleicht dieses Mal in der Lage sein würde, mir einige Stunden zu nehmen, um die Sehenswürdigkeiten zu besuchen.

Während ich dort war, traf ich eine Frau, die meine Frau und ich über Jahre hinweg einige Male getroffen hatten. Ihre Eltern waren enge Freunde von uns und geistliche Säulen in der Gemeinde in Christchurch, Neuseeland, in der ich diente. Susan (das ist nicht ihr richtiger Name) war von ihrer Gemeinde ausgesandt worden, um in Frankreich zu arbeiten und zu dienen, und war vor Paris stationiert. Auch wenn wir nicht näher bekannt waren, hatten wir doch zu Hause viele gemeinsame Freunde. Susan besuchte die Konferenz, auf der ich sprach, und fragte mich, ob ich die Gelegenheit gehabt hätte, mir Paris anzuschauen. Ich erzählte ihr, dass ich an einem Tag losgezogen war und den Eiffelturm gesehen hatte. Sie bestand darauf, dass der beste Zeitpunkt, um sich Paris anzuschauen, nachts war und bot mir an, mich herumzufahren, da sie ihr eigenes Auto hatte.

Als erstes schlug sie vor, mich in ein typisch französisches Restaurant mitzunehmen, damit ich dort echte französische Kochkunst genießen konnte; dann wollte sie mich durch die Stadt fahren. Was für eine großartige Gelegenheit, diese erstaunliche Stadt wirklich zu sehen und dann auch noch einen eigenen Touristenführer zu haben! Ich verschwendete wirklich keinen einzigen Gedanken an Ungehörigkeit, als ich ihr Angebot dankbar annahm.

An diesem Nachmittag rief ich zu Hause an, um meiner Frau mitzuteilen, dass ich Susan getroffen hatte und sie mir angeboten hatte, mich in Paris herumzuführen. Nancy war nicht halb so begeistert und ich spürte sofort ihre Bedenken. Mein erster Gedanke war, dass sie eifersüchtig war, dass ich in Paris war und mir deshalb einfach den Spaß verderben wollte. Je länger wir miteinander sprachen, desto mehr erkannte ich aber, dass sie sich eher Gedanken um »den Anschein des Bösen« machte. Sie bat mich dann, ihr zu versprechen, dass ich entweder nicht gehen oder aber noch jemand anderen mitnehmen würde. Ich kann mich nicht daran erinnern, dass mich meine Frau jemals um so etwas gebeten hätte und verstand, dass Gott sie gebrauchte, um in einen »blinden Fleck« meines Lebens zu sprechen. Ich versicherte ihr, dass ich entweder nur mit einer dritten Person zusammen gehen oder gar nicht erst gehen würde.

Später erklärte ich meinen Gastgebern die Situation und erzählte ihnen, wie dumm ich mich in dieser ganzen Sache verhalten hatte. Glücklicherweise war ich in der Lage, die Sache zu lösen, indem sich einer von ihnen uns anschloss. Dies setzte alle Möglichkeiten des Feindes, die Situation in irgendeiner Art und Weise auszunutzen, außer Gefecht.

In seinem wunderbaren Buch *The Integrity Crisis (Die Integritätskrisen)* sagt Warren W. Wiersbe:

> *Was ist Integrität? Das* Oxford English Dictionary *sagt, dass dieses Wort von dem lateinischen Wort* integritas *abstammt, welches* Ganzheitlichkeit, Ganzheit, Vollständigkeit *bedeutet. Die Wurzel des Wortes ist* integer, *was* unberührt, intakt, vollkommen *bedeutet. Integrität ist für den persönlichen oder juristischen Charakter das, was Gesundheit für den Körper oder 20/20-Sehschärfe für die Augen ist. Jemand mit Integrität ist nicht geteilt (das wäre Doppelspiel) oder spielt etwas vor (das wäre Heuchelei). Er oder sie ist »ganz«; das Leben ist »zusammengesetzt« und die Dinge arbeiten harmonisch zusammen. Menschen mit Integrität haben nichts zu verbergen und nichts zu fürchten. Ihre Leben sind offene Bücher. Sie sind integer.*

Ich war gerade vom Postholen zurückgekommen; zwischen den Briefen war die April 2004-Ausgabe des *Charisma Magazine.* Ich blätterte es durch, während ich meinen gemischten Salat und Sardinen zu Mittag aß. Ich überflog schnell den Artikel unter der Rubrik »People & Events« mit dem Titel »Leaders Tackle Tough Integrity Issue« (»Leiter nehmen harte Fälle der Integrität in Angriff«). Laut Artikel waren ca. fünfzig der bekannten Leiter des ganzen Landes zusammengekommen, um die »Themen der moralischen und finanziellen Integrität und der angemessenen Verwendung der Titel *Apostel* und *Prophet* zu diskutieren ...« Dass so ein Treffen überhaupt vonnöten war, ist eine Anklage gegen die Gemeinde.

In dem darauf folgenden Artikel »Challenging Leaders« (»Herausgeforderte Leiter«) schrieb Stephen Strang: »In einer Zeit, in der fast alles legitim erscheint – selbst in der Gemeinde – und in der Konfrontationen über das Verhalten, die Doktrin und Moral oft mit Worten wie ›Verurteilung‹ oder ›Legalismus‹ belegt werden, hat das Symposium sich versammelt, um zu ermitteln, was getan werden kann, um einen Standard zu setzen«. Der Artikel fährt fort: »Wir haben gesehen, dass zu viele Leiter, die sich bemühen, in Integrität zu wandeln, von Extremisten verletzt werden – die, die durch ihre Irrlehre oder extravaganten Lebensstile negative Stereotypen für alle Charismatiker setzen«.

»Wer darf hinaufsteigen auf den Berg des HERRN ...?« David offenbart, dass gewisse Anforderungen notwendig sind, wenn wir uns in der Gegenwart des Herrn aufhalten wollen. »Er, der in Integrität wandelt und rechtschaffen arbeitet, er spricht die Wahrheit in seinem Herzen, er spricht nicht übel mit seiner Zunge, noch handelt er böse gegenüber seinen Nachbarn, noch nimmt er einen Vorwurf gegenüber seinem Freund auf, in dessen Augen ein Schurke gering geschätzt wird, sondern er ehrt die, die den Herrn fürchten; er schwört zu seinem eigenen Schmerz und er verändert sich nicht« (s. Ps 15 und Ps 24).

Diese eine überwältigende Voraussetzung für Gemeinschaft mit Gott ist die der Integrität. »Er, der in Integrität wandelt ... rechtschaffen arbeitet ... die Wahrheit spricht ... zu seinem eigenen Schmerz schwört.« Sie halten ihr Wort, auch wenn es sie etwas kostet. Sie sind Menschen, auf die man sich verlassen kann – unwandelbar in ihren Überzeugungen.

HALTEN SIE IHR VERSPRECHEN

Vor einigen Jahren bin ich dazu eingeladen worden, nach Südamerika zu reisen und dort an Bord eines Schiffs, das zu Jugend mit einer Mission (JmeM) gehörte (auch bekannt als »Mercy Ships«), zu lehren. Das Schiff war auf dem Weg durch den Amazonas. Ich muss wohl nicht extra erwähnen, dass ich aufgeregt war, überhaupt gefragt worden zu sein. Ich stellte mir schon all die unglaublichen Dinge vor, die ich auf der Reise sehen würde. Zu der Zeit hatte ich nur sehr wenige Versammlungen, weil wir nach fünfzehn Jahren Dienst in Neuseeland gerade eben erst wieder nach Amerika zurückgekehrt waren. Erst als ich in meinen Kalender schaute, stellte ich fest, dass ich einer Versammlung zugesagt hatte, die genau mitten in die Zeit fiel, in der mich JmeM auf dem Schiff brauchte. Mein erster Gedanke war zu versuchen, mich zu entschuldigen oder die Versammlung zu verlegen, aber ich hatte mein Wort gegeben. Ich rief im JmeM-Büro zurück und teilte ihnen mit, dass es mir nicht möglich war, die Einladung anzunehmen. Ich habe den Amazonas noch immer nicht gesehen.

NEHMEN SIE SICH NICHT, WAS IHNEN NICHT GEHÖRT

Wenn man Paulus an unseren heutigen Standards misst, dann war er ein Mega-Apostel, doch statt ständig um Geld für »seinen Dienst« zu bitten, war er bereit, selbst zu arbeiten. Was für eine neuartige Idee! Den Korinthern schrieb er, dass er nie den Weg des Betruges gekommen war, und führt das dann aus, indem er sagt: »Ich strecke mich nicht nach dem aus, was eures ist«. Er bezieht sich hier auf das Nehmen ihres Geldes, denn er führt fort: »Denn Kinder sind nicht dafür verantwortlich, für ihre Eltern zu sparen, sondern Eltern für ihre Kinder«. Paulus agierte in »seinem Dienst« mit Integrität. Er wusste, wie man im Überfluss und wie man im Mangel lebte. Er lebte nicht in einer eine-Million-Dollar-Villa und bat dann die Gemeinde, »den apostolischen Dienst des Paulus« zu finanzieren.

Vor einigen Jahren, als der Herr mir deutlich machte, dass ich in den Reisedienst gehen würde, beschloss ich, niemals um Geld zu bitten, indem ich einen Newsletter schrieb oder ein Gehalt für das Sprechen verlangte. Ich sagte dem Herrn auch, dass ich niemals versuchen würde, Türen für Versammlungen zu öffnen. Ich kann bezeugen, dass der Herr in den letzten Jahren jeder Not begegnet ist und ich genügend Dienstmöglichkeiten sowohl in den USA als auch international erhalten hatte.

SEIEN SIE EIN EHRLICHER FINANZVERWALTER

Ich bin immer mehr über die Eskapaden geschockt und traurig, die sich einige im Dienst leisten. Die »Apostel« und »Propheten« unserer heutigen Zeit haben nur sehr wenig oder gar keine Ähnlichkeit mit denen des Neuen Testamentes. Diese modernen Möchtegerns leben im Schoß des Luxus. Viele verlangen, erster Klasse geflogen zu werden und Fünf-Sterne-Unterbringungen. Sie haben fast ausschließlich eine einzige Botschaft: Wohlstand. Vielleicht hilft das in irgendeiner komischen Weise, ihr schlechtes Gewissen zu beruhigen, wenn sie versuchen, andere in ihren verschwenderischen Lebensstil hineinzuführen. Nein, ich glaube auch nicht, dass Armut die Antwort ist, sondern eher wie Paulus schreibt: *»Eure Milde soll allen Menschen bekannt werden …«* (Phil 4,5).

Als der Prophet Samuel im Sterben lag, sprach er folgende Worte zum Volk Israel: *»Und ich bin vor euch hergegangen von* *meiner Jugend an bis auf diesen Tag. Hier bin ich, zeugt gegen mich vor dem HERRN und vor seinem Gesalbten! Wessen Rind habe ich genommen, oder wessen Esel habe ich genommen? Wen habe ich übervorteilt? Wem habe ich Gewalt angetan? Aus wessen Hand habe ich Bestechungsgeld genommen, um damit meine Augen zu verhüllen? So will ich es euch zurückgeben«* (1. Sam 12,2–3). Die Leute antworten, indem sie Samuel sagen, dass er sich keiner dieser Dinge schuldig gemacht hat. Was für ein wunderbarer Mann Gottes, der am Ende seines Lebens mit einem reinen Gewissen sterben kann. Er weiß, dass er nicht versucht hat, zu manipulieren, etwas zu unterschlagen oder irgendjemanden zu betrügen und dass er deshalb mit reinem Gewissen sterben kann. Was für ein Bild der Integrität sehen wir in Samuel!

STRECKEN SIE SICH IN ALLEN LEBENSBEREICHEN NACH INTEGRITÄT AUS

Es gibt einen Vers, den ich über die Jahre von meinem Vater gehört habe und der noch immer in mir nachhallt: *»Ein guter Name ist vorzüglicher als großer Reichtum …«* (Spr 22,1). Ich schätze es, diese Aussage von meinem Vater zu hören. Dadurch war ich über die Jahre auf das fokussiert, was wichtig ist: Charakter oder Geld. Ich möchte einen guten Namen haben. Ich möchte ein Mann der Integrität sein. Ich möchte als jemand bekannt sein, der auch tut, was er sagt. Ich möchte, dass mein Wort meine Verpflichtung ist. Ich spüre, dass Gott nach solchen Menschen sucht.

Vor etwa einem Jahr wurde ich von meinem Verleger gebeten, nach Kanada zu fliegen, um dort einige Fernsehaufnahmen zu machen. Der andere Gast, der auch aufgenommen wurde, war Gene Edwards. Ich hatte einige seiner Bücher gelesen und war erfreut, ihn persönlich zu treffen.

Ich habe ihm erzählt, wie ich jahrelang eine Kopie von einer Seite eines seiner Bücher in meiner Bibel mit mir herumgetragen habe. Er bat mich darum und fing an zu lesen. Er sagte mir, dass er vergessen hatte, dass er dies geschrieben hatte, und bat darum, dass einer der Mitarbeiter ihm eine Kopie machte.

Erlauben Sie mir, Ihnen mitzuteilen, was er geschrieben hat. Der Abschnitt ist an die adressiert, die glauben, dass der Herr sie in eine Art von Leiterschaft geführt hat. Er schreibt:

Es wäre wohl kaum fair, wenn ich es nicht wagen würde, Mutmaßungen darüber anzustellen, was Sie auf Ihrem Rennen dort draußen erwartet, also werde ich ein paar Möglichkeiten aufzählen.

1. *Ein Test, wie sehr Sie Geld lieben.*
2. *Das Ende aller Sicherheiten.*
3. *Ihr moralisches Benehmen.*
4. *Lügen Sie? Ist die Wahrheit wichtig?*
5. *Ihre Bereitschaft, Ihre Arbeit niederzulegen und den Verlust des Ganzen zu ertragen.*
6. *Werden Sie einen anderen Arbeiter attackieren oder andere kritisieren?*
7. *Werden Sie auf Gesetzlichkeit zurückgreifen und Taktiken fürchten, die die Arbeit Gottes zusammenhalten?*
8. *Können Sie warten, bis Sie 40 oder älter sind, bevor Sie beginnen?*
9. *Können Sie sich anderen Arbeitern unterordnen?*
10. *Können Sie sich der Arbeit eines anderen oder jemandem unterordnen, mit dem Sie nicht übereinstimmen?*
11. *Können Sie sich Ihren Kollegen unterordnen?*

12. *Werden Sie eine Arbeit oder eine Gemeinde aus irgendeinem Grund spalten? Werden Sie anderen erlauben, Ihnen aus der Arbeit eines anderen Mannes zu folgen, wenn Sie sie verlassen?*
13. *Werden Sie Ihre eigene Arbeit freisetzen und sie für immer verlassen, indem sie sie in die Hände Gottes legen?*
14. *Werden Sie ein Leben lang ohne Gehalt dienen, ohne Geld alt werden, ohne ein finanzielles Polster? Werden Sie dies alles mit Freude und in Armut tun, ohne es zu bereuen?*
15. *Werden Sie arbeiten, ohne faul zu sein?*
16. *Werden Sie sich selbst verteidigen, wenn Sie attackiert werden?*
17. *Was wird Ihre Definition eines »Wolfes in unserer Mitte« sein und was werden Sie mit diesen Wölfen tun? (Er führt dies näher aus.)*
18. *Werden Sie weiterhin geistlich wachsen, wenn Sie alt sind?*
19. *Werden Sie »feste Überzeugungen über ...« haben und werden Sie »fest stehen gegen ...«? Denn einer der Tricks, den Sie bei der Arbeit des Herrn lernen werden (wie ich später noch aufgreifen werde), ist, »dass Sie eine Arbeit zusammenhalten können, indem Sie die Menschen lehren zu hassen; eine Einheit, die auf gemeinsamem Hass auf etwas oder jemanden aufbaut.«*
20. *Werden Sie aufgeben, wenn Sie in das austrocknende Feuer des ständigen Verlustes geraten, das endlose Bombardement mit Entmutigung und Versagen und Rückschlägen?*
21. *Werden Sie auf Gottes Volk böse werden? – Denn sie lernen langsam und vergessen schnell.*
22. *Werden Sie mit der Lehre der »Unterwerfung« und der »Autorität« um sich werfen? Menschen, die dieses zum Thema ihrer Lehreinheit machen, beweisen damit, dass sie keine wirkliche Autorität in Gott haben.*

23. *Werden Sie etwas anderes als Christus zum Mittelpunkt Ihrer Botschaft, Ihres Dienstes und Ihrer Erfahrung machen?*
24. *Werden alle Christen willkommen sein, um Gemeinschaft mit dem Leib Christi zu haben, ganz egal, welche Lehre Sie vertreten?*
25. *Werden Sie unter Druck feige oder mutig sein? Kompromisslos? (Sie fragen sich: »Wie kann ich demütig sein – nachgeben, mich fügen und von meiner Arbeit weggehen – und doch* ***mutig?*** *« O Bruder, das ist eines der Dinge, die diesen Kurs so schwer machen!)*
26. *Können Sie mit Schmerz leben und ihm dennoch niemals erlauben, Ihren Geist zu brechen?*

Er führt fort: »Also, reinigen Sie Ihr Leben. Und kreuzigen Sie die versteckten Motive Ihres Herzens.«

Ich kann mir keine bessere Liste als diese vorstellen, um Ihre Integrität zu untersuchen. Lesen Sie sie immer und immer wieder, bis sie in Ihrem Geist Wurzeln geschlagen hat. Sie können die Salbung am Leben erhalten.

KAPITEL 13

EINHEIT

Einheit ohne Wahrheit ist nicht besser als Verschwörung.

– John Trapp

Ach, wären da Seelen, die sich vollkommen dessen bewusst wären, dass Gott sie freigebig geliebt, gnädig angenommen, vollkommen gerechtfertigt, vollkommen entschuldigt und auf ewig verherrlicht hat, dann könnten sie nicht anders, als zu lieben, wo Gott liebt, anerkennen, wo Gott anerkennt, umarmen, wo Gott umarmt, und eins sein mit jedem, der eins ist mit Jesus.

– Thomas Brooks

Wenige Dinge machen das Christentum lächerlicher als Uneinigkeit unter Gläubigen.

– Frederick Coutts,
The Armoury Commentary

Einheit erscheint als eine der trügerischsten Qualitäten in der Gemeinde. Das mächtigste, leidenschaftlichste, zielorientierteste Gebet, das Jesus jemals gebetet hat, war, dass sein Volk *»... alle eins seien, wie du, Vater, in mir und ich in dir, dass auch sie in uns eins seien,* ***damit die Welt glaube,*** *dass du mich gesandt hast«* (Joh 17,21).

Es ist also kein Wunder, dass der Feind alles in seiner Macht Stehende tun wird, um die Gemeinde gespalten zu halten. Was mich noch mehr in Erstaunen versetzt ist, dass die Gemeinde sich scheinbar der Tatsache nicht bewusst ist, dass Uneinigkeit ein bedeutendes Hindernis ist, um die Welt für Christus zu erreichen. Wir würden viel lieber »allein gehen« als andere einzuladen, sich uns anzuschließen oder uns ihnen anzuschließen. Es ist diese starke Unabhängigkeit, die die Gemeinde des Segens beraubt. Wie oft zitieren wir Psalm 133,1+3: *»Siehe, wie gut und wie lieblich ist es, wenn Brüder einträchtig beieinander wohnen. ... Denn dorthin hat der HERR den Segen befohlen, Leben bis in Ewigkeit«.* Und doch tun wir alles, um uns gegenseitig aus dem Weg zu gehen. Ich bin davon überzeugt, dass die Mauern der Spaltung niedergerissen werden müssen, bevor der Herr wiederkommt. Die Salbung Gottes und der Segen wird über denen zunehmen, die sich danach sehnen, das »Vater unser« zu erfüllen.

JOSEF FÜHRT SEINE FAMILIE ZUSAMMEN

Eines der schönsten Bilder der Einheit, die ich in der Bibel sehe, ist im 1. Buch Mose. Josef war dreizehn Jahre lang von seinen Brüdern getrennt gewesen. In dieser Zeit hatte der Herr ihn getestet und in eine Position mit großem Einfluss und Autorität über das Volk der Ägypter erhoben. Eines Tages kam der Zeitpunkt, an dem er seine Brüder nach über einem Jahrzehnt wiedertraf. Auch wenn sie ihn nicht erkennen, so erkennt er sie sofort und beschuldigt sie, »Spione« zu sein. Sie reagieren, indem sie Josef erzählen, dass sie alle Söhne eines Mannes sind, zwölf an der Zahl, doch dass einer nicht mehr ist und der andere zu Hause bei ihrem Vater geblieben ist. Josef informiert sie dann darüber, dass er sie an ihren eigenen Worten überprüfen wird: *»Ihr werdet von hier nicht weggehen, es sei denn, dass euer jüngster Bruder hierher kommt!«* (1. Mo 42,15). Simeon wird bei Josef zurückgelassen, während die anderen zum Vater zurückkehren.

Als sie wieder zu Hause ankommen, erklären die Brüder Josefs ihrem Vater Jakob, dass sie kein Korn mehr erhalten, es sei denn, dass es Benjamin erlaubt wird, mit ihnen nach Ägypten zurückzukehren. Jakob ist davon überzeugt, dass er Simeon nie wiedersehen wird und verweigert Benjamin also die Erlaubnis zu gehen, in der Angst, dass er der dritte Sohn sein wird, den er verliert. Die Hungersnot verschlimmert sich und Jakob sieht sich gezwungen, seine Söhne dazu zu drängen, wieder nach Ägypten zu reisen, um Korn zu kaufen. Juda erinnert ihn: *»Der Mann hat uns nachdrücklich gewarnt und gesagt: Ihr sollt* ***mein Gesicht nicht sehen,*** *es sei denn euer Bruder ist bei euch«* (1. Mo 43,3).

GOTT MÖCHTE SEINE FAMILIE ZUSAMMENFÜHREN

Es gibt einen größeren »Josef«, der mehr Kraft und Autorität besitzt, und der sich sogar noch mehr danach sehnt, zu sehen, wie seine Familie zusammengebracht wird und der den Worten Josefs zustimmen würde: »Ihr sollt *mein Gesicht* nicht sehen, **es sei denn** euer Bruder ist bei euch«. So sehr sehnt sich Gott danach, seine Familie zusammenzubringen. Ich glaube, wenn die Familie Gottes zusammenkommt, wenn wir uns in Einheit versammeln, dann werden wir das Gesicht Gottes in einer Art und Weise sehen, wie wir es noch nie zuvor gesehen haben.

Jedes Mal, wenn wir am Abendmahl teilhaben, dann feiern wir die Erfüllung des Passahs im Alten Testament. Der Leib Christi sollte nie geteilt werden. Eine der Anforderungen des Passahs war es, dass man keinen einzigen Knochen des Lammes brechen durfte, wenn man es getötet hat.

Jesu Tod am Kreuz war die Erfüllung des Passahs. Die Soldaten, die dafür verantwortlich waren sicherzustellen, dass ein gekreuzigter Mann tot war, brachen normalerweise die Knochen der Beine, um den Prozess des Sterbens zu beschleunigen. Die Schrift berichtet uns davon, dass die Beine der Männer auf beiden Seiten Jesu gebrochen wurden, aber *»Als sie aber zu Jesus kamen und sahen, dass er schon gestorben war, brachen sie ihm die Beine nicht, ... dies geschah, damit die Schrift erfüllt würde: ›Kein Bein von ihm wird zerbrochen werden‹«* (Joh 19,33+36). Sicherlich war dies ein Vorbild für den größeren »Leib Christi«, der niemals geteilt werden sollte – und doch ist die Gemeinde heute zerteilter als jemals zuvor in der Geschichte.

Wir müssen ernsthaft um Einheit beten. *Herr, bringe Wiederherstellung; bringe Heilung; bringe deinen Leib zusammen. Zwei sind besser als einer; einer wird tausend in die Flucht schlagen, zwei zehntausend.* Der Feind weiß: *»... jede Stadt oder jedes Haus, die mit sich selbst entzweit sind, werden nicht bestehen«* (Mt 12,25). Deshalb wird der Feind alles in seiner Macht Stehende tun, um uns gespalten zu halten.

Bevor ich dieses Kapitel beende, lassen Sie mich deutlich sagen, dass es falsche Einheit gibt, nämlich die alles-umarmende – wo es keine moralischen Standards oder solche der Integrität mehr gibt, zusammengehalten von einer Pseudo-Liebe ohne Grundlage von Wahrheit oder Offenbarung Gottes. Sie ist einzig und allein Werk der Menschen und nicht Gottes.

KAPITEL 14

EWIGKEIT

In einhundert Jahren

Es wird nicht viel Unterschied machen, Freund,
in einhundert Jahren von heute an,
ob du in einem stattlichen Heim
oder einem schwimmenden Flachboot lebst.

Ob die Kleider, die du trägst, maßgeschneidert
oder einfach irgendwie zusammengesetzt sind,
ob du große Steaks isst oder Bohnen und Kuchen,
in einhundert Jahren.

Es interessiert dein Bankkonto nicht,
welche Automarke das Auto ist, das du fährst;
denn das Grab wird all deinen Reichtum und Ruhm beanspruchen,
und die Dinge, nach denen du trachtest.

Es gibt eine Deadline, der wir uns alle stellen müssen,
keiner wird zu spät kommen;
dann wird es egal sein, an welchen Orten du überall warst;
jeder wird den Termin einhalten.

Wir werden in Ewigkeit nur haben,
was wir auf Erden geben.
Wenn wir ins Grab gehen, können wir nur retten,
was ewigen Wert hat.

Was für einen Wert, Freund, hat der irdische Zuwachs,
für den manche Menschen sich krümmen;
denn dein Schicksal wird besiegelt sein, weißt du,
in einhundert Jahren.

– Warren L. Parker

Wir, die wir in dieser nervösen Zeit leben, wären weise, wenn wir über unser Leben und unsere Zeit lange und oft vor dem Angesicht und an der Schwelle zur Ewigkeit meditieren würden. Denn wir sind für die **Ewigkeit** *geschaffen, so sicher, wie wir für Zeit geschaffen sind; und als verantwortliche moralische Geschöpfe müssen wir uns mit beidem beschäftigen.*

– A. W. Tozer

Die größte Sorge des Menschen sollte dem Ort gehören, an dem er am längsten lebt; folglich sollte die Ewigkeit der Rahmen sein.

– Thomas Manton

Eines der Lieblingsworte meines Vaters war das Wort »Ewigkeit«. Vor sechs Jahren haben meine Frau und ich das Haus meiner Eltern hier in Ost-Texas erworben. Ich besitze nun die Bibliothek meines Vaters, die etwa 2.000–3.000 Bücher beinhaltet. An den Wänden des Studierzimmers hängen verschiedene Bilder sowie drei Tafeln mit dem Wort »Ewigkeit« darauf. Vor nicht allzu langer Zeit habe ich mit dem Evangelisten Steve Hill gesprochen, und er erzählte mir, dass mein Vater anrief, als er in dieser Gegend lebte, und ihn bat, ein Schild mit dem Wort »Ewigkeit« darauf zu machen.

Als meine Frau und ich die Bibelschule besuchten, wurde von uns verlangt, dass wir die morgendlichen Andachtszeiten, die mehrmals die Woche abgehalten wurden, besuchten. Über der Bühne war ein großer Stützträger, etwa 45 bis 50 cm breit.

Jahrelang war dieser Stützträger von einem Banner verhüllt, auf dem es hieß »Lebe mit den Werten der Ewigkeit im Blick«. Ich kann dieses Banner noch immer vor meinem inneren Auge sehen – nach mehr als 40 Jahren.

Paulus offenbarte einen der »Schlüssel« zu seinem unglaublichen Leben und Dienst, als er schrieb: *»... das Sichtbare ist zeitlich, das Unsichtbare aber ewig«* (2. Kor 4,18). Diese Offenbarung kann Ihren ganzen Kurs verändern. *»[D]as Sichtbare ist* ***zeitlich****«*. Sie und ich leben, wenn es gut geht, einhundert Jahre, aber wir werden die Ewigkeit in Gottes Gegenwart verbringen. Ewigkeit ist eine lange Zeit.

Als ich in England aufwuchs, war im Alter von etwa sechs oder sieben Jahren mein Vater auch mein Pastor. Jeden Sonntagmorgen ließ er die Kinder nach vorne kommen und sich dort hinsetzen, um ihnen eine Geschichte zu erzählen. Eine dieser Geschichten hat einen bleibenden Eindruck auf mich hinterlassen. Mein Vater versuchte, dieser großen Gruppe von Kindern den Begriff der Ewigkeit zu erklären. Er begann, indem er sagte: »Stellt euch einmal vor, ihr würdet einen Granitblock in Quaderform finden, dessen Kantenlänge eine Meile misst – ein Meile hoch, eine Meile breit und eine Meile tief. Nun stellt euch einmal vor, dass einmal im Jahr ein kleiner Vogel zu diesem Granitblock kommt, um seinen Schnabel zu schärfen. Nachdem er seinen Schnabel geschärft hat, fliegt er davon bis zum folgenden Jahr, wenn er dasselbe wieder tut. Dies geht Jahr für Jahr so. Zu dem Zeitpunkt, zu dem der Granitblock schlussendlich völlig abgenutzt ist, hat die Ewigkeit gerade einmal begonnen.« Ich kann mich noch immer daran erinnern, dass ich selbst als Kind dachte, dass die Ewigkeit niemals, niemals jemals endet. Hoffentlich dient Ihnen diese einfache Illustration dazu, sich herauszufordern, Ihr Leben im Licht der Ewigkeit zu leben.

Es gibt ein wunderschönes Lied, das wir als Kinder oft sangen. Die Worte überführen mich noch immer:

Nur ein Leben, es wird bald vorüber sein.
Nur das, was für Christus getan wurde, bleibt.
Und wenn ich sterbe, wie glücklich werde ich sein,
dass die Lampe meines Lebens
für dich ausbrannte.

Wie ich schon angemerkt habe, glaube ich, dass dies einer der zentralen »Schlüssel« zu Paulus' Leben und Dienst war. Er kümmerte sich nicht darum, ob er im Gefängnis war oder wie ein Prinz lebte. Er bezeugt: *»... denn ich habe gelernt, mich darin zu begnügen, worin ich bin. Sowohl erniedrigt zu sein, weiß ich, als auch Überfluss zu haben, weiß ich; in jedes und in alles bin ich eingeweiht ...«* (Phil 4,11–12). Paulus erkannte: Egal, ob er 40, 80 oder 100 Jahre lebte, dies ist nichts im Licht der Ewigkeit.

Diese Sicht der Ewigkeit scheint zutiefst in seinen Gedanken gewesen zu sein, als er der Gemeinde in Korinth schrieb und sie ermahnte, vorsichtig zu sein, wie sie ihr Leben führen. Er teilte ihnen mit, dass er als weiser Baumeister ein Fundament in ihr Leben gelegt hatte. Er erklärte ihnen, dass das Fundament Jesus Christus selbst ist. Er warnte sie, vorsichtig zu sein, wie sie auf diesem Fundament aufbauen. Dies ist ein sehr ernster Abschnitt in der Bibel, denn Paulus fährt fort zu sagen, dass der Tag kommen wird, an dem Gott selbst die Arbeit jedes Menschen dahingehend untersuchen wird, wie er sein Leben gelebt hat. Paulus sagt, dass die Arbeit jedes Menschen im Feuer geprüft wird. *»Und wie das Werk eines jeden beschaffen ist, das wird das Feuer erweisen«* (1. Kor 3,13). Manche werden alles verlieren, während andere eine Belohnung erhalten werden.

»Sei vorsichtig, wie du baust« (s. 1. Kor 3,10) ist eine der ernstesten Warnungen im Wort Gottes, denn es hat Konsequenzen in der Ewigkeit. Jeder Einzelne von uns wird eines Tages vor dem Herrn Jesus Christus stehen und Rechenschaft über das, wie und wofür er sein Leben gelebt hat, ablegen müssen. Wir werden allein sein – ohne Unterstützung von einem Ehepartner, Pastor, Freund oder Vermittler –, während unser Leben nach unserer Errettung von Christus selbst untersucht wird. Unsere Errettung steht hier nicht auf dem Spiel – denn die Errettung ist Gottes Geschenk an jeden, der seine Sünden bekennt und Jesus Christus im Glauben als seinen Herrn und Erretter annimmt. Was auf dem Spiel steht, ist unser Lohn in der Ewigkeit.

Die Bibel sagt unmissverständlich, dass nicht jeder im Himmel »gleich« sein wird – von der Beziehung her gesehen gleich, ja, aber nicht bezogen auf unsere Position oder unseren Rang. Das wird zu großen Teilen von uns selbst bestimmt. Daher Paulus' Warnung: »Beachte, wie du baust« (s. 1. Kor 3,10). J. Sidlow Baxter sagte: »Du kannst eine gerettete Seele aber ein verlorenes Leben haben«. Mit anderen Worten: Wir können als Christen unser Leben damit verbringen, uns selbst zu gefallen. Paulus stellte im Gegensatz dazu fest: »Mein Ziel ist es, ob ich nun zu Hause oder unterwegs bin, dem Herrn zu gefallen« (s. 2. Kor 5,9). Im Licht der Ewigkeit zu leben ist unser Schutz vor »einem verlorenen Leben«.

GEBAUT AUF DINGEN, DIE BLEIBEN

Paulus ermahnt die Korinther, indem er ihnen erzählt, dass sie auf zwei Arten bauen können: Sie können mit Gold, Silber und wertvollen Steinen bauen oder sie können Holz, Heu oder Stroh verwenden. Das zweite sind billige, gewöhnliche und reichlich vorhandene Materialien. Das erstere sind teure und rare Materialien. Die Geschichtsschreiber klären uns darüber auf, dass, kurz bevor Paulus dies an die Korinther schrieb, ein großes Feuer war (wie das große Feuer von London), das durch die Stadt Korinth fegte und in einer totalen Zerstörung des »Baracken-Siedlungsgebietes« von Korinth endete. Das meiste dieses Gebietes, wenn nicht alles, war voll mit Häusern, die aus Holz und anderen brennbaren Materialien gefertigt waren. Die großen Häuser und andere stattliche Gebäude, die das Feuer überlebten, waren aus Marmor oder Granit gebaut, einige von ihnen mit Gold und Silber dekoriert. Viele glauben, dass dies die wertvollen Steine sind, auf die sich Paulus bezieht. Für die Korinther waren das »Schlagzeilen«, die von Paulus nun auf ihren Weg als Christen übertragen wurden.

Genauso ist es, wenn wir gemäß des Planes und der Bestimmung Gottes für unser Leben bauen; dann können wir uns einer Belohnung sicher sein. Paulus selbst war sich dessen hinsichtlich seines eigenen Lebens sicher. Als er an Timotheus schrieb, sagte er: *»Ich habe den guten Kampf gekämpft, ich habe den Lauf vollendet, ich habe den Glauben bewahrt; fortan liegt mir bereit der Siegeskranz der Gerechtigkeit, den der Herr, der gerechte Richter, mir als Belohnung geben wird an jenem Tag …«* (2. Tim 4,7–8).

LASSEN SIE SICH NICHT VON WELTLICHKEIT BLENDEN

James Alexander Stewart, der große Erweckungsprediger, schreibt, dass es *Weltlichkeit* ist, die dem Christen seine »geistliche Sicht« raubt. Er sagt:

> *Weltlichkeit beraubt das Leben eines Christen seines glänzenden dynamischen Charakters. Weltlichkeit ist alles, was dem geist-*

lichen Leben seine scharfe Kante nimmt und die Sicht auf den Herrn dimmt. Weltlichkeit ist alles, was mir mein tiefes inneres Liebesleben mit dem herrlichen Erlöser raubt. Weltlichkeit ist alles, was mir die Last für Seelen nimmt. Weltlichkeit ist alles, das mich daran hindert, Zeit in meiner Kammer mit ernsthafter Fürbitte durch die Kraft des Geistes für die Gemeinde und die Welt zu halten.

Was auch immer sich wie eine Wolke zwischen
das geistige Auge des Glaubens und die unsichtbaren Dinge
schiebt und damit
diese hellere Welt zum Verschwinden bringt
oder weniger lieblich
oder ihre Hoffnung weniger wert erscheinen lässt;
***DAS** ist unsere Welt - unser Idol, auch wenn es*
den Anschein von Zuneigung oder den Flair von Hingabe hat.[9]

Er fährt fort, indem er sagt: »Diese Weltlichkeit dimmt die Sicht der Heiligen und bringt sie dazu, den Sinn für in der Ewigkeit wichtige Dinge zu verlieren«.

Während wir in unserer Berufung und unserem Dienst wachsen, müssen wir auch immer mehr Verlangen nach dem geistlichen (unsichtbaren) Bereich haben, im Gegensatz zu der natürlichen (sichtbaren) Dimension. Paulus schreibt: *»Denn die Gesinnung des Fleisches ist Tod, die Gesinnung des Geistes aber Leben und Frieden …«* (Röm 8,6). Beachten Sie: Dies ist eine Geisteshaltung.

Dies war der Schlüssel zum Dienst Jesu: *»… du hast Gerechtigkeit geliebt und Gesetzlosigkeit gehasst; **darum** hat dich, Gott, dein Gott **gesalbt** …«* (Hebr 1,9).

---

9 James Alexander Stewart, *Opened Windows: The Church and Revival* (Alexandria, LA: Lamplighter Publications, 1958), 149.

Die Japaner haben mittlerweile quadratische Wassermelonen produziert – das ist wirklich wahr. Sie haben das nicht durch genetische Veränderung getan, sondern einfach indem sie jede Wassermelone in eine quadratische Plastikform getan haben. Und wenn die Wassermelone wächst, dann passt sie sich der vorgegeben Form an. Paulus verstand die geistliche Wichtigkeit dieses Prinzips und warnte die Gläubigen in Rom, nicht *»gleichförmig dieser Welt«* zu werden, sondern vielmehr *»verwandelt [zu werden] durch die Erneuerung des Sinnes«* (Röm 12,2). Beachten Sie wiederum, dass dies mit einer »Geisteshaltung« zu tun hat.

Ein Teil dieser Transformation ist, dass wir Dinge von einer völlig anderen Perspektive aus sehen, als die Welt es tut. Wir sehen die Dinge von einer ewigen Vorteilsposition, was uns wiederum dazu bringen sollte, unser Leben aus einer völlig anderen Perspektive zu leben, als die Welt es tut. Im Alten Testament haben wir die tragische Geschichte von Esau, der sein (geistliches) Geburtsrecht sozusagen gegen eine Schüssel voll Chili eintauschte. Er war von dem eingenommen, was er sehen konnte und dachte nie über das *Unsichtbare* nach. Und so verlor er seinen zukünftigen *Segen.* Wie viele Gläubige folgen heutzutage den Spuren Esaus und schlucken begierig jeden Happen, den die Welt uns zu bieten hat, ohne jemals über die tragischen ewigen Konsequenzen nachzudenken?

Was tue ich heute, das in der Ewigkeit zählt? Das ist es, was wir uns selbst fragen müssen. Das verändert alles, nicht wahr? Ich möchte eines Tages vor dem Herrn stehen und ihn sagen hören: *»Recht so, du guter und treuer Knecht!«* (Mt 25,21). Was wichtig ist, ist nicht nur die Tatsache, dass Sie gerettet sind, sondern dass Sie gedient haben. Nicht jeder Gläubige wird das hören, sondern nur die, die gedient haben, nur die, die den Willen und die Absicht ihres Herrn verstanden haben und ihr

Leben gegeben haben, um seine Absichten zu erfüllten – nur zu ihnen wird er sagen: *»Recht so, du guter und treuer Knecht!«*.

Das Am-Leben-Erhalten der Salbung erfordert von Ihnen, dass Sie Ihr Leben im Licht der Ewigkeit leben.

Axel Weber

Gemeindebau nach Gottes Plan

Band 2

290 Seiten, Paperback
ISBN 978-3-9813611-0-0

Damit die Gemeinde zu dem Ort werden kann, an dem die Herrlichkeit Gottes wohnt, braucht sie die verbindliche Ausrichtung am geschriebenen Wort in Bezug auf alle praktischen Fragen des Gemeindebaus. Es werden die für uns heute gültigen Grundmuster aus den Berichten des Neuen Testaments über Gemeindeleitung, Gemeindeleben in den Häusern, Neupflanzung von Gemeinden herausgearbeitet und die mögliche praktische Umsetzung erläutert. Hierbei geht es nicht um neue Theorien oder Programme, vielmehr handelt es sich um die jahrelangen Erfahrungen in einem Ältestenteam. Diese wurden geprägt durch regelmäßige Zeiten vor dem Herrn, der daraus resultierenden Herzensveränderung, verbunden mit dem Studium des Wortes und der apostolischen Unterstützung von Freunden.

FCG-Zwickau – Freie Christliche Gemeinde
www.fcg-zwickau.de

—

cmd – christlicher Mediendienst
www.c-mediendienst.de

Arthur W. Pink

VOM WORT GOTTES PROFITIEREN

140 Seiten, Paperback
ISBN 978-3-00-026630-0

Seit Beginn des christlichen Glaubens war das geschriebene Wort Gottes für alle wahren Nachfolger des Herrn die Grundlage und Orientierung für das praktische Glaubensleben. So hatten es die Apostel gelehrt. In unserer Zeit wird das Wort Gottes auch von Gläubigen immer mehr in Frage gestellt und relativiert. Ein neues, anderes Verständnis vom Glaubensleben macht sich immer mehr breit, und die Zeichen eines großen Abfalls werden immer deutlicher.

Da ist dieses Buch von A. W. Pink genau die richtige Antwort. Der Autor beschreibt die praktischen Auswirkungen einer echten Hingabe an das Wort Gottes und zeigt so, wie sich gesunder Glaube entwickelt.

cmd – christlicher Mediendienst
www.c-mediendienst.de